Patrice Va
Catherine

# MĂ DOR STRĂMOŞII

## Psihogenealogia sau cum să ne schimbăm viitorul cunoscându-ne trecutul

philobia

**Descrierea CIP a Bibliotecii Naționale a României**
**VAN EERSEL, PATRICE**
**Mă dor strămoşii : Psihogenealogia sau cum să ne schimbăm viitorul cunoscându-ne trecutul /**
Patrice van Eersel, Catherine Maillard ;
ed., red.: Bianca Biagini ;
trad.: Bianca Biagini, Raluca Bibiri. -
Ed. a 2-a, rev. - Bucureşti : Philobia, 2013

ISBN 978-606-8560-00-7

I. Maillard, Catherine
II. Biagini, Bianca (ed., trad., red.)
III. Bibiri, Raluca (trad.)

159.9

**J'AI MAL À MES ANCÊTRES**
LA PSYCHOGÉNÉALOGIE AUJOURD'HUI
PATRICE VAN EERSEL
CATHERINE MAILLARD



**MĂ DOR STRĂMOŞII**
PSIHOGENEALOGIA SAU CUM SĂ NE SCHIMBĂM VIITORUL CUNOSCÂNDU-NE TRECUTUL
PATRICE VAN EERSEL
CATHERINE MAILLARD

ISBN 978-606-8560-00-7



internet: www.philobia.com
e-mail: contact@philobia.com
+40 746 49 25 59 (RO)
+33 625 51 13 24 (FR)

***Editor:* Bianca Biagini**
*Traducere:* Bianca Biagini, Raluca Bibiri
*Redactare:* Bianca Biagini
*DTP:* Petronella Andrei
*Corectură:* Dorina Oprea
*Copertă:* Roxana Soare

Tipar: ARTPRINT
E-mail: office@artprint.ro

*Lui Charles, al cărui nume*
*îl port şi pe care această anchetă*
*mi-a dat dorinţa să-l smulg nopţii.*
P.V.E.

*Lui Claude, Louisei, lui Frederic*
*şi tuturor străbunilor mei preaiubiţi.*
*Viitorului meu soţ.*
C.M.

# *Cuprins*

*Cuvânt înainte*

# Ascensiunea de nestăvilit a psihogenealogiei

Ideea că destinele noastre ar putea fi cu adevărat influenţate de istoria psihologică a generaţiilor anterioare este extrem de veche. Observăm acest lucru încă de la primele terapii inventate de om. De exemplu, medicina chineză şi cea africană, spre deosebire de medicina occidentală, iau în considerare boala în contextul său familial şi genealogic. Cum am făcut hepatită? Din cauza unui microb şi a unor alimente stricate, ne răspunde medicul occidental. Pe de altă parte, vindecătorii chinezi sau yoruba[1] vin cu explicaţii care restabilesc orânduiala lumii: este vorba fie despre un demon care ne vrea răul (şi căruia i se sacrifică un animal), fie despre faptul că am perturbat ordinea cosmică, ocupând un loc care nu ni se cuvine şi uitând să ne cinstim străbunii. Vindecătorul ştie un lucru pe care medicul îl ignoră: legea genealogică şi raportarea la străbuni definesc într-o mare măsură legăturile, drepturile, îndatoririle şi identităţile care structurează fiinţa umană – la nivelul culturii şi al biografiei sale. Vindecătorul cunoaşte, de

[1] Trib african din sud-vestul Nigeriei şi din Benin. (n.tr.)

asemenea, cuvintele şi ritualurile care fac să iasă la iveală o apariţie, o fantomă[2] (un străbun căzut în dizgraţie sau care şi-a dezonorat familia), sursă a dezordinii inconştiente, transmisibile de la o generaţie la alta.

Dar iată că în Occident apare ceva nou: psihogenealogul. Un terapeut care, ţinând cont de descoperirile epocii moderne, în special în privinţa unicităţii individului, regăseşte legăturile contextuale şi transgeneraţionale la care epoca sa a devenit surdă. Ce face el? Asemenea vracilor şi vindecătorilor, se concentrează asupra acelui segment din povestea noastră care nu are legătură cu noi: „S-ar putea ca bronşita cronică să ţi se tragă de la faptul că străbunicul tău s-a sufocat într-o tranşee, lucru care ţi-a fost ascuns deoarece, la întoarcerea din război, bunica nu l-a mai vrut...". Alt exemplu, şi mai spectaculos: un bărbat suferă în mod constant de dureri de gât, însoţite de o deteriorare a circulaţiei sangvine periferice. Nu se găseşte niciun remediu. Până în momentul în care, prin terapie transgenealogică, descoperă că un străbun îndepărtat, născut în aceeaşi zi cu el, a murit ghilotinat în timpul Revoluţiei. Odată dezvăluit acest lucru, atât durerile de gât, cât şi supărătoarele lor efecte asupra circulaţiei dispar ca prin minune. Cum se poate oare ca, din cauza necunoaşterii sau sub povara unui „secret de familie", un eveniment din trecut, pozitiv sau negativ, să aibă asemenea consecinţe, câteva generaţii mai târziu?

Unele persoane încearcă pur şi simplu să fugă de propria familie deoarece li se pare că reprezintă un pericol de moarte pentru ele. Ca şi cum istoria familiei ar ameninţa să le ucidă.

---

[2] Concept elaborat de Nicholas Abraham şi Maria Torok. Fantoma este o patologie a inconştientului care se transmite de la inconştient la inconştient, între generaţii. (n.tr.)

Nu e doar o închipuire, pericolul poate fi real. Dar fuga nu serveşte la nimic. Oriunde vei ajunge, istoria familiei te va urmări şi te va readuce constant în trecut, făcându-te să repeţi la nesfârşit acelaşi scenariu, cel puţin atât timp cât nu iei hotărârea de a acţiona, dezamorsând ancorările transgenealogice negative.

Reconstituirea arborelui genealogic poate începe foarte simplu. Iată explicaţia oferită de site-ul www.psychogene.com: „În general, pentru a începe să lucrezi asupra istoriei tale familiale, nu e nevoie să fi cercetat în prealabil istoria familiei. Fiecare vine cu ceea ce ştie deja. Ai nevoie doar de câteva informaţii pentru a stabili ce anume ţi se întâmplă în prezent şi pentru a începe lucrul. În majoritatea cazurilor, pot apărea şi alte informaţii, uneori într-un mod cu totul neaşteptat. Important este să înţelegem că, odată începute cercetările psihogenealogice, se activează o memorie care traversează timpul, epocile, evenimentele şi ajunge în conştient sub forma unei amintiri căreia i se dă un anumit sens."

Pe undeva, psihogenealogul împrumută mai puţin din cunoştinţele psihopatologiei occidentale şi mai mult din eficacitatea „vrăjitorească" a celor mai vechi metode de tămăduire... Din corespondenţa sa, aflăm că Sigmund Freud nu ignora deloc importanţa străbunilor în constituirea manifestărilor psihosomatice individuale şi colective: fiecare dintre noi este modelat nu doar de triunghiul tată-mamă-copil, ci şi de o adevărată cascadă de influenţe venite din întregul nostru arbore genealogic. Părintele inconştientului intuise deja genealogia ca posibilă sursă de transmitere a nevrozei. De exemplu, Freud şi-a dat seama de importanţa pe care o joacă bunicii în viaţa unui copil (direct sau indirect, în bine sau în rău, prin prezenţă excesivă sau prin lipsă). Şi-a imaginat chiar şi o istorie conform căreia, la originea omenirii, ar fi stat o hoardă condusă de un tată primitiv, extrem de temut, ai cărui copii s-ar fi coalizat pentru a-l ucide[3], iar noi am fi păstrat cu toţii în memorie amintirea acestui paricid primar. Freud sugera prin această parabolă că legătura de la o generaţie la alta nu poate fi ştearsă.

Însă Freud nu a mers mai departe cu explorarea fenomenului transgeneraţional. Oare lupta îndelungată şi anevoioasă pe care a dus-o pentru a susţine ipoteza originii sexuale a nevrozelor să fi fost cea care l-a făcut să neglijeze această dimensiune fundamentală a omului, şi anume fidelitatea inconştientă a subiectului faţă de experienţa străbunilor săi? Asta ne sugerează unii psihanalişti, în prezent. Ei consideră că Freud, neputând „face totul", şi-ar fi asumat decizia de a se dedica exclusiv triunghiului oedipian şi a lăsat deoparte zona mai îndepărtată a ascendenţei, gândindu-se probabil că alţii, după el, vor continua aceste importante cercetări referitoare la problema străbunilor. În realitate, se pare că propria genealogie a lui Sigmund Freud şi câteva apăsătoare secrete de familie l-au împiedicat în mod inconştient să facă cercetări în acest domeniu. Ceea ce a urmat era previzibil: după cum ştim, discipolii iau întotdeauna ca definitivă gândirea maeştrilor; după moartea lui Freud, complexul oedipian a devenit o adevărată dogmă, în timp ce străbunii neglijaţi au fost ostracizaţi.

A trebuit să aşteptăm aproape o sută de ani pentru ca importanţa lor crucială să fie recunoscută în rândul terapeuţilor. La începutul secolului XXI, această recunoaştere capătă pro-

---

[3] De fapt, ipoteza lui Freud este aceea că fiii au fost cei care au săvârşit paricidul primordial. (n.tr.)

porțiile unui adevărat curent: sub deviza „oriunde te-ai afla, îți porți cu tine străbunii; binecuvântează-i, dar eliberează-te de ei!", *psihogenealogia* – sau, mai general vorbind, abordarea transgenealogică – continuă să câștige tot mai mult teren în numeroase practici și școli. Astăzi, zgomotele acestui „șantier" răsună peste tot în jurul nostru. O explicație a respectivului succes ne-o oferă Steve Lacy, autorul *Genealogy Gateway To The Web*: „Într-o societate care își pierde valorile tradiționale, bulversată de dezintegrarea celulei familiale, oamenii încearcă să se întoarcă la propriile rădăcini". Fenomenul este fără îndoială mult mai profund și indică într-adevăr o „întoarcere la străbuni" a civilizației occidentale. Întoarcere la o dimensiune vădit terapeutică. Nenumărați psihoterapeuți recunosc acum influența familiei și în special a eșecurilor acesteia, importanța *ne-spusului*[4], a secretelor de familie și a zestrei psihologice moștenite de la o generație la alta, în salturi atât de uimitoare, că e o adevărată artă a interacțiunii umane să știi cum să le detectezi.

Lucrarea de față vă va prezenta șapte dintre acești „artiști transgenealogici", sub forma a șapte interviuri cu principalii actori ai mișcării:

- doctor Anne Ancelin Schützenberger, medic de excepție, membră a Rezistenței, autoare, printre altele, a lucrării *Aïe, mes aïeux!* – unde povestește cum a ajuns să studieze psihogenealogia, având de-a face adesea cu pacienți în familiile cărora bolile „se repetau în mod ciudat" – a popularizat conceptul de *transgenerațional;*
- Alexandro Jodorowsky, om de teatru, scenarist, specialist în tarot și creator al unei forme originale de psihoterapie

[4] (fr.) „le non-dit" = ceea ce nu este spus, ceea ce rămâne în afara cuvintelor.

şamanică numită „psihomagie", se numără printre primii care au redescoperit importanţa arborelui genealogic în constituirea psihicului uman;

- Bert Hellinger, psihoterapeut german care a trăit în Africa de Sud, recunoaşte că a fost influenţat de cultura zuluşilor[5] când a inventat metoda Constelaţiilor familiale, de mare succes la ora actuală (aplicată, de exemplu, de psihoterapeutul Christiane Singer);
- Didier Dumas, psihanalist care lucrează cu metoda lui Françoise Dolto, pe care o deschide către dimensiuni atipice Occidentului (taoism, şamanism), ne demonstrează prezenţa străbunilor în gândirea şi în terapia contemporană;
- Chantal Rialland, fostă elevă a lui Alexandro Jodorowsky, susţine că fiecare dintre noi îşi poate influenţa destinul, „alegându-şi familia", şi îşi învaţă pacienţii şi discipolii cum să-şi construiască arborele transgeneraţional;
- Serge Tisseron, psihoterapeut specialist în „secretul de familie", cunoscut mai ales pentru studiul „romanului familial" al celebrului personaj de benzi desenate Tintin, se concentrează în special asupra ne-spusului care devine patologic de la o generaţie la alta;
- nu în ultimul rând, Vincent de Gaulejac, psihosociolog specializat în „nevroza de clasă", arată în ce fel arborii genealogici sunt grupaţi în mari familii sociale.

Sperăm că vă va face plăcere întâlnirea cu specialiştii noştri şi vă dorim să aveţi astfel ocazia regăsirii propriilor străbuni!

---

[5] Etnie din Africa de Sud. (n.tr.)

# 1

# Amprenta străbunilor: cercetări în psihogenealogia clinică

## ÎNTÂLNIRE CU ANNE ANCELIN SCHÜTZENBERGER[1]

Deopotrivă teoreticiană şi practiciană, fostă membră a Mişcării de Rezistenţă, profesor universitar, deschisă la nou, psihoterapeut de formaţie psihanalitică, analistă de grup – una dintre primele terapeute care au utilizat psihodrama lui Moreno[2] în Franţa – şi profesor emerit de psihologie la Universitatea din Nisa, unde a condus timp de peste douăzeci de ani laboratorul de psihologie socială şi clinică, Anne Ancelin Schützenberger a colaborat de-a lungul timpului cu personalităţi precum Robert Gessain, Jacques Lacan, Françoise Dolto, Carl Rogers, J.L. Moreno, Margaret Mead şi Gregory Bateson, a lucrat cu grupul de la Palo Alto şi s-a specializat în *dinamica*

---

[1] Această conversaţie a apărut deja în revista *Nouvelles Clés*, nr. 18 (vara 1998). În septembrie 2002, Anne Ancelin Schützenberger a publicat o ediţie adăugită.

[2] Jacob Levy Moreno (născut Iacob Levy, pe 18 mai 1889, la Bucureşti – decedat pe 14 mai 1974, la New York) a fost un renumit psihiatru, psihosociolog, teoretician şi pedagog, evreu de origine, inventatorul psihodramei, al sociometriei şi unul dintre fondatorii psihoterapiei de grup. (n.tr.)

*grupurilor* alături de Kurt Lewin. A ajuns celebră în lumea întreagă în momentul în care, aflată deja în a doua jumătate a vieţii, a publicat o carte devenită acum bestseller: *Aïe, mes aïeux!*[3] (tradusă în întreaga lume). Este cea care a introdus în practica psihoterapeuţilor dimensiunea *transgeneraţională* (pe care unii o numesc *trans-* sau *psihogenealogică*), prin intermediul „sindromului de aniversare". Ni s-a părut firesc să deschidem seria de interviuri printr-o discuţie cu această mare doamnă.

*Psihogenealogia* încorporează numeroase teorii, practici şi şcoli de gândire. A devenit totodată un termen popular, aproape banal şi cu o mulţime de sensuri. Iniţiativa acestei abordări i se datorează incontestabil doamnei dr. Anne Ancelin Schützenberger, care a introdus-o în Franţa în anii '80. Interlocutoarea noastră a lucrat mult timp cu bolnavi care sufereau de cancer, folosind, printre altele, versiunea clinică a metodei Simonton. Această metodă se baza deopotrivă pe medicina clasică şi pe psihoterapie, având drept finalitate consolidarea sistemului imunitar şi stimularea dorinţei de a trăi prin abordarea unei viziuni pozitive. Astfel, ea a descoperit în istoria familiilor celor bolnavi uimitoare fenomene repetitive, care indicau implicarea unor persoane dragi, răposate. A ajuns în acest fel să inventeze metoda „genosociogramei" – un tip de arbore genealogic, care pune accent pe detalii frapante şi pe evenimente-şoc, pozitive sau negative: boli, naşteri, accidente, decese premature sau anormale, căsătorii, mutări la mare distanţă etc. Metoda presupune întocmirea unui grafic de reprezentare a întregii familii – în sensul larg al cuvântului. Graficul cuprinde cel puţin şase generaţii şi pune în evidenţă legăturile

---

[3] Editura Philobia.

afective majore (pozitive sau negative), uitate sau negate în asemenea măsură încât devin „negândit genealogic[4]".

„Nu suntem atât de liberi cum ne închipuim", spune Anne Ancelin Schützenberger, „dar ne putem cuceri libertatea, ieşind din destinul repetitiv al istoriei familiei noastre, dacă înţelegem legăturile complexe care s-au ţesut în acest cadru şi dacă scoatem la lumină dramele secrete, ne-spusul şi doliul neîncheiat...".

Care este metoda ei? „Terapia transgeneraţională psihogenealogică contextuală clinică", a cărei primă misiune este de a ne ajuta să identificăm „loialităţile invizibile" şi repetitivitatea identificărilor inconştiente (pozitive sau negative), care ne obligă să „plătim datoriile" străbunilor noştri – vrând-nevrând, fiind sau nu conştienţi de ele – şi să repetăm „misiunile întrerupte", atâta vreme cât ele nu sunt „încheiate". Aşa cum scrie în *Aïe, mes aïeux!*: „Viaţa fiecăruia dintre noi este un roman. Şi eu, şi voi, cu toţii trăim ca nişte prizonieri ai unei invizibile pânze de păianjen la a cărei creare luăm cu toţii parte. Dacă am fi capabili să auzim cu o a treia ureche şi să vedem cu un al treilea ochi, pentru a pricepe, a auzi şi a vedea mai limpede aceste repetiţii şi coincidenţe, am înţelege mai clar şi am percepe mai bine cine suntem cu adevărat şi cine ar trebui să fim de fapt. Chiar nu putem scăpa de aceste fire invizibile, de aceste *triangulaţii*[5], de aceste repetiţii?"

*Sunteţi psihoterapeut şi analist, însă, atunci când vă ocupaţi de un pacient, vă interesaţi foarte puţin de povestea sa individuală –*

---

[4] (fr.) „impenses" = ceea ce nu există la nivelul gândirii. Concept folosit de psihogenealogi pentru a denumi acea moştenire transgenealogică pe care individul nu o conştientizează, dar care îi structurează existenţa. (n.tr.)

[5] Metodă de determinare a mărimii unei suprafeţe de teren, constând în construirea unui sistem de triunghiuri adiacente. (n.tr.)

*sau cel puţin o situaţi într-un context mai larg –, cerându-i pacientului să vă furnizeze informaţii cu privire la viaţa străbunilor săi. Şi în special îi cereţi să noteze datele pe hârtie. Cum aţi ajuns să transformaţi astfel procesul terapeutic?*

Anne Ancelin Schützenberger: Pentru a demonta, mai întâi de toate, o prejudecată, să spunem că nu este vorba de o „cură" în sine, ci de o aprofundare şi o extindere a conceptului, care însoţeşte sau precedă o terapie, o criză, o boală gravă, căutarea propriei identităţi, dezvoltarea personală sau o schimbare a modului de viaţă. În anii '70, mă ocupam la Paris de o tânără suedeză de treizeci şi cinci de ani, bolnavă de cancer în stadiu terminal; îmi ceruse să o asist la domiciliu, pentru că ştia că este „condamnată" şi nu voia să moară „ciopârţită". Medicii tocmai îi amputaseră, pentru a patra oară, o porţiune din picior şi se pregăteau, neputincioşi, să continue. Fiind specializată în psihanaliza freudiană, i-am cerut tinerei să-şi dea frâu liber gândurilor şi să îmi spună tot ceea ce îi trece prin cap, prin asocieri de idei. Cum bine ştiţi, analiza e un proces de durată, care se poate întinde şi pe zece ani. Nu aveam însă timp de pierdut, era vorba despre o cursă contra cronometru. Am observat că, la ea acasă, pe peretele din salon, trona portretul unei tinere, o femeie absolut superbă. Pacienta mi-a spus că era vorba chiar de mama ei, răpusă de cancer la vârsta de treizeci şi cinci de ani. Am întrebat-o atunci ce vârstă are ea. „Treizeci şi cinci de ani", mi-a răspuns. „Cât?", am făcut eu. „Aoleu!", a zis ea. Mi-am dat seama brusc că, inconştient, această femeie se identificase în asemenea măsură cu mama sa că ajunsese să se „autoprogrameze" astfel încât să urmeze şi să repete destinul ei tragic... Din acel moment, totul s-a schimbat atât pentru ea, cât şi pentru mine.

*În afara coincidenței de vârstă, care e un amănunt întâmplător, până la urmă, ce v-a făcut să credeți că nu e vorba doar de o boală transmisă pe cale genetică?*

A.A.S.: Greu de spus. Pe de o parte, cancerul la sân nu este o boală moștenită pe cale genetică, știu asta din școală; pe de altă parte, de ce tocmai la aceeași vârstă? E greu de crezut că lucrurile care țin de subconștient sunt doar o întâmplare. În ceea ce privește genetica, nu prea văd cum ar putea face ea să coincidă așa de mult datele (vreau să precizez că soțul meu este deopotrivă medic, genetician, matematician și statistician și sunt obișnuită să privesc lucrurile riguros). În plus, această poveste mi-a amintit de o alta...

Într-o zi, fiica mea îmi spune: „Mamă, tu îți dai seama, ați fost doi copii la părinți, tu ești cea mai mare dintre frați, iar al doilea a murit; la fel și tata, el a avut un singur frate, mai mic, care a murit; eu am fost cea mai mare dintre cei doi copii ai voștri, iar al doilea a murit." Acesta a fost un prim șoc pentru mine. Din ziua aceea, mi-am propus să verific și cu alți pacienți bănuiala pe care începusem să o am față de povestea acestei femei. Așa se face că i-am cerut fiecăruia dintre ei să schițăm împreună un arbore cât mai complet al propriei genealogii și, în măsura posibilităților, să treacă sub numele tuturor rudelor – bunici, bunici ai bunicilor, unchi și verișori... momentele cheie ale istoriei familiale: o tuberculoză de care a suferit bunicul, căsătorie sau recăsătorie a mamei, accident de mașină al tatălui, mutări și schimbări de domiciliu repetate, schimbări pe scara socială, falimente, averi, plecări la război, decese premature, alcoolism, internări în spitale de psihiatrie sau condamnări la închisoare, fără a uita de diplomele și de profesia fiecăruia. Am cerut, de asemenea, să se noteze vârsta și data la care aceste evenimente au avut loc. Arborii genealogici, pe care i-am numit „genosociograme", au scos la lumină nişte repetări incredibile. De exemplu, într-o anumită familie, femeile se îmbolnăveau de leucemie şi mureau la fiecare trei generaţii în luna mai. În altă familie, cinci generaţii la rând, femeile deveneau bulimice la vârsta de treisprezece ani. Apoi, o familie în care bărbaţii făceau accident de maşină în prima zi de şcoală a primului copil etc. Sunteţi de acord cu mine că nu poate fi o simplă coincidenţă când întâlnim, în anumite familii, generaţie după generaţie, aceleaşi date de naştere, acelaşi număr de căsătorii, de copii nelegitimi sau naturali, de copii morţi la naştere, de decese tragice premature... şi mereu la aceeaşi vârstă! Aţi pomenit de legăturile ereditare... Credeţi că un accident de maşină poate fi transmis prin ADN? Era clar că altul trebuie să fi fost motivul, căci odată ce-ţi îndreptai atenţia asupra lor, repetările erau atât de dese şi de vizibile că-ţi săreau în ochi.

*Cum ar putea fi explicate asemenea repetări? De ce trecem uneori prin situaţii similare cu cele trăite de părinţii sau străbunii noştri?*

A.A.S.: Repetarea unor evenimente, date sau vârste care compun *romanul familial* al descendenţei noastre este pentru noi o modalitate de a le fi loiali părinţilor, bunicilor şi străbunilor; prin urmare, faptelor, gesturilor şi tragediilor lor. E un mod de a continua tradiţia familiei şi de a trăi în conformitate cu ea. Această loialitate este cea care face ca un student să rateze examenul pe care tatăl său nu a reuşit niciodată să-l ia, din dorinţa inconştientă de a nu-l depăşi din punct de vedere social. Sau de a rămâne lutier din tată în fiu – ori notar, brutar sau medic. Loialitatea face ca femeile din aceeaşi familie să se căsătorească la 18 ani pentru a da naştere la trei copii şi, mai mult chiar, să aibă doar fete... sau doar băieţi. Câteodată, această „loialitate invizibilă" poate lua forme surprinzătoare... Ştiţi cum a murit actorul Brandon Lee? Ghinionul a făcut ca, la o filmare, cineva să uite un glonţ într-un revolver care trebuia să fie încărcat cu gloanţe oarbe. Cu douăzeci de ani înaintea acestui accident, tatăl său, celebrul Bruce Lee, murise tot în timpul unei filmări, din cauza unei hemoragii cerebrale, în decursul unei scene în care el trebuia să joace rolul unui personaj ucis accidental de un revolver care ar fi trebuit să fie încărcat cu gloanţe oarbe...

Purtăm în noi o puternică şi inconştientă loialitate faţă de istoria noastră familială şi ne este tare greu să inventăm ceva nou în viaţă! Vedem cum se repetă sindromul de aniversare în anumite familii – sub formă de boli, decese, avorturi sau accidente –, iar asta pe parcursul a trei, patru, cinci, chiar opt generaţii câteodată!

Există însă o raţiune mult mai ascunsă pentru care se repetă aceste boli, precum şi accidentele străbunilor noştri. Luaţi orice arbore genealogic şi veţi vedea că e plin de morţi violente şi de adultere, de tot felul de secrete, de copii din flori şi de alcoolici. Sunt lucruri pe care le ţinem ascunse, sunt răni tainice pe care nu vrem să le arătăm. Ce se întâmplă însă când, de ruşine sau din pur conformism, pentru a ne „proteja" copiii ori familia, nu *verbalizăm* incestul, moartea suspectă sau eşecurile bunicului? Tăcerea care se păstrează în privinţa unchiului alcoolic va crea o zonă de umbră în memoria unui băiat din familie care, pentru a umple aceste goluri şi a elimina lacunele, va repeta, prin somatizare sau prin acţiunile sale, drama pe care ceilalţi încearcă să i-o ascundă. Astfel, va deveni şi el alcoolic, la fel ca unchiul său. Freud ne-a atras deja atenţia cum că „ceea ce nu este exprimat prin cuvinte va fi exprimat prin gesturi" (citez din memorie). Cred, aşa cum am scris de altfel şi în cartea mea, că „lucrurile despre care nu vorbim ni se imprimă în subconştient, se repetă şi ajung să se manifeste prin dureri".

*O asemenea repetare presupune însă ca băiatul respectiv să ştie ceva despre această ruşine familială şi să fi auzit anumite lucruri despre unchiul căzut în dizgraţie... nu-i aşa?*

A.A.S.: Nici vorbă! Nu trebuie neapărat să vorbim pentru a ne exprima: studiile asupra comunicării non-verbale şi asupra „limbajului trupului" demonstrează că nu ne exprimăm doar verbal, ci şi corporal, prin gesturi, tonul vocii, respiraţie, atitudine, stilul de îmbrăcăminte, tăceri, evitând anumite subiecte... Uneori îţi dai seama de ruşinea şi secretele unei familii, vechi de generaţii întregi, înţelegând cum trăieşte cineva „condus" de către familie, programat de aceasta sau continuând să acţioneze în virtutea unei loialităţi familiale, prin exces de identificare.

Să luăm exemplul fetiţei de patru ani care avea coşmaruri în care o urmăreau tot felul de monştri. Se trezea noaptea tuşind, urlând şi sufocându-se. În fiecare an, la aceeaşi dată, tusea devenea o criză de astm. Am întrebat-o când s-a născut. „În noaptea de 25 spre 26 aprilie", m-a lămurit mama ei. Cunosc destul de bine istoria Franţei şi ştiu, în urma cercetărilor pe care le-am efectuat pentru pacienţii mei, că multe traume familiale îşi au originea în persecuţii, câteodată foarte îndepărtate, sau sunt legate de morţi tragice pe câmpul de bătălie.

În perioada 22-25 aprilie 1915, trupele germane au lansat pentru întâia dată gaze de luptă pe liniile frontului francez. La Ypres, mii de infanterişti au murit sufocaţi cu gaze. Am rugat-o pe mama fetiţei să caute cuvintele Ypres şi Verdun în genosociogramă. Iată ce a găsit: fratele bunicului fetiţei fusese unul dintre soldaţii care muriseră prin afixiere cu gaze... şi, n-o să vă vină să credeţi, s-a întâmplat în noaptea de 25 spre 26 aprilie 1915! Îi cer fetiţei să deseneze monstrul din coşmarurile sale. Şi iată că-mi schiţează ceea ce ea numeşte „un cap de scufundător cu o trompă de elefant". Era o mască de gaze din perioada primului război mondial, aşa cum o ştim cu toţii! Fetiţa nu văzuse însă niciodată vreo mască de gaze şi nu auzise vreodată vorbindu-se despre ce i se întâmplase rudei sale, nici despre consecinţele gazelor de luptă (care provoacă iperită). Am verificat aceste lucruri în arhivele Ministerului de Război: fratele bunicului său fusese medaliat pentru curaj... Ei bine, informaţia a reuşit să străbată zidul tăcerii care împrejmuia acest eveniment: copilul tuşea şi scuipa, îşi pierdea respiraţia şi intra în panică precum nefericitul infanterist din tranşee, punctul culminant al crizei fiind atins de fiecare dată la aceeaşi oră (către miezul nopţii). Toate acestea până în ziua în care fetiţa a făcut desenul...

Cum a fost posibil ca acest eveniment să traverseze generaţiile, deşi nimeni nu pomenise vreodată despre el? Cum de s-a transmis? Poate prin co-inconştientul de familie şi de grup, poate prin „undele morfogenice" despre care vorbeşte Rupert Sheldrake. Poate prin omisiune în discuţii – acea regulă de a „nu se mai aduce în discuţie lucruri care au provocat multă suferinţă". Amintirea decesului tragic şi a mortului îngropat fără slujbă a creat la fratele său (bunicul fetiţei) şi la fiica acestuia din urmă (mama sa) o zonă de umbră în care durerea s-a refugiat ca într-un „cavou".

Ipoteză: de-a lungul întregii sale vieţi, fiica a menţinut anumite lacune în relaţia cu tatăl decedat; de câte ori ceva o făcea să se gândească la moartea brutală a părintelui său (o fotografie de familie, o secvenţă de război la televizor), se manifesta mai curând prin privire, voce sau atitudini, decât prin schimburi de cuvinte. Spre exemplu, evita să privească un film de război. Îi vorbea de rău pe „nemţălăi". Se temea de gaze, se ferea de aragaz...

*Aşadar, asemenea evitări pot transmite o informaţie „invizibilă". Este însă posibil să atingă un grad de precizie atât de mare încât să redea imaginea fotografică a unei măşti de gaze în coşmarurile fetiţei?*

A.A.S.: Zeci de specialişti, colegi de-ai mei de breaslă, au constatat acest lucru în rândul pacienţilor – în toate colţurile lumii: în Franţa, Europa, America de Nord şi de Sud, în Africa, în Orientul Mijlociu. Totul se petrece ca şi cum chiar ar exista în rândul urmaşilor o formă de memorie fotografică sau cinematografică, cu sunete, culori, imagini, mirosuri, senzaţii termice... Oamenii se trezesc îngheţaţi, tremurând şi transpirând de frică, chirciţi, cu sentimentul cert că se află închişi într-un lagăr, pe o grămadă de paie putrezite sau într-o tranşee de pe front... Şi ei de fapt sunt foarte bine, în patul lor cald, fără să fi văzut şi să fi trăit vreodată aşa ceva.

Totuşi, nu cred că este valabil în cazul mamei şi fetiţei despre care am vorbit mai devreme. Cred mai degrabă că avem de-a face cu o comunicare directă de la inconştient la inconştient, exact ceea ce Moreno numeşte *co-inconştientul familial şi grupal*.

*Vreţi să spuneţi că imaginile sau secretele de familie trec de la o generaţie la alta printr-un fel de telepatie?*

A.A.S.: Nu. Prin unitatea duală mamă-copil. Sau poate printr-o „memorie transgeneraţională" pe care o constatăm, fără a ne-o putea explica. Cred că, în perioada intrauterină, copilul visează ce visează şi mama, iar toate imaginile inconştientului matern şi ale co-inconştientului familial se vor imprima în memoria viitorului nou-născut. Din păcate, e o ipoteză care nu a făcut încă obiectul unei cercetări ştiinţifice riguroase. Deşi este vorba de sănătatea noastră, a tuturor! Trebuie însă menţionat că se face referire la „memoria celulară" încă din 1998, iar, în medicină şi biologie, sunt întreprinse cercetări ştiinţifice – în special în cadrul INSERM[6] – asupra nucleului celulei şi asupra unei eventuale „memorii afective"... Dar înainte de a trage o concluzie, să aşteptăm dovezile ştiinţifice, care urmează să apară între anii 2005-2010[7]!

*Se pare, deci, că am fi conduşi de un fel de loialitate faţă de străbuni... Şi că inconştientul ne împinge să-i onorăm sub forme neaşteptate: îmbolnăvindu-ne de cancer sau nimerind sub roţile unei maşini! Cum sunt clarificate aceste lucruri în termeni medicali?*

A.A.S.: Aş vrea să fac nişte precizări cu privire la modul în care eu şi anumiţi colegi de-ai mei vedem lucrurile. N-am spus niciodată c-ar fi vorba de a „onora străbunii" – fraza nu îmi aparţine. Nu despre asta este vorba, ci de repetări ale unor misiuni întrerupte, de doliu neîncheiat după traume insuportabile, imposibil de digerat sau nedigerate – dacă îmi permiteţi

---

[6] Institutul Naţional de Sănătate şi Cercetări Medicale, cu sediul la Paris. (n.tr.)
[7] Interviul a fost acordat în anul 2002. (n.tr.)

aceste expresii –, care ne vor „sta în gât" şi vor împiedica desfăşurarea normală a procesului de doliu, provocând astfel, în rândul urmaşilor noştri, evenimente de genul: un masacru în masă, o dezrădăcinare, pierderea unei case sau a unui pământ, o nedreptate... Este concluzia la care a ajuns o elevă de-a lui Kurt Lewin, Bluma Zeigarnick, în 1928, în teza sa de doctorat, *Psychologie de la Gestalt,* despre „misiunile întrerupte" pe care le repetăm uneori fără încetare pe tot parcursul vieţii – aşa-zisul „efect Zeigarnick", din psihologie. E un efect pe care îl aplic la doliul neîncheiat, survenit în urma unor vechi drame, ajutându-mi astfel pacienţii să retrăiască aceste momente şi să le depăşească.

Nu este vorba propriu-zis despre blesteme – sau numai arareori, în anumite momente istorice cruciale, ca în cazul blestemului pe care conducătorul Templierilor, Jacques de Molay, ars pe rug pe 18 martie 1314, l-a aruncat asupra regilor Franţei. Însă „blestemul familiei Kennedy" este un mit, chiar dacă regăsim o loialitate familială inconştientă în repetarea anumitor date, precum data de 22 noiembrie, care apare pentru prima oară în această genosociogramă în 1858, ca zi a morţii străbunicului dinspre tată al preşedintelui J.F. Kennedy, iar, a doua oară, în 1963, data când a fost asasinat JFK. În acea zi, preşedintele american s-a hotărât să meargă la Dallas, în ciuda numeroaselor avertismente, şi a ţinut deschisă trapa maşinii, ca şi cum ar fi „uitat" de dată... dar nu şi de „datoria de a muri"!

Se poate vorbi de o formă de repetare morbidă (unii o numesc „blestem"), ca parte a unui mecanism pe care medicina începe să-l cunoască din ce în ce mai bine. Orice moarte sau doar ideea morţii provoacă o depresie. Simpla pierdere a casei sau a locului de muncă îţi solicită, de asemenea, potenţialul de a trece prin acest proces al doliului, ca de altfel şi necesitatea unui atare proces. Odată depăşită revolta în faţa inacceptabilului, tristeţea doliului provoacă o scădere a sistemului imunitar. Un număr foarte mare de persoane „hotărăsc" atunci, în mod inconştient, că vor muri la o vârstă precisă: „Mama a murit la 35 de ani, nici eu nu voi trece de acea vârstă", şi-a spus femeia din povestea noastră. Şi, odată ajunsă la vârsta respectivă, intră într-o depresie care îi slăbeşte atât de mult sistemul imunitar, încât se îmbolnăveşte de cancer. Acelaşi fenomen se petrece şi în cazul unui accident de maşină: la data aniversară a unei traume care a avut loc în familie, cineva e împins de o necesitate obscură să-şi asume riscuri prea mari, producându-se, până la urmă, accidentul. Inconştientul veghează la toate aceste lucruri, ca un orologiu invizibil. Este ceea ce eu numesc *vulnerabilizarea din anul aniversar* (sau din perioada aniversară).

*Se poate evita acest lucru? Putem evita repetarea pentru a ne trăi liber viaţa?*

A.A.S.: Pentru a evita repetarea, trebuie mai întâi să fim conştienţi de ea. Amintiţi-vă de tânăra suedeză. Am ajutat-o să-şi dea seama că, dacă ceda şi murea de cancer, nu ar mai fi avut cine să ducă flori la mormântul mamei sale şi, în plus, mama, pe care o îndrăgea atât de mult, şi-ar fi dorit ca ea să trăiască vreme îndelungată. A fost pentru ea un şoc, cu urmări radicale asupra vieţii sale şi a bolii de care suferea. Şi-a recăpătat dorinţa de a trăi, nu a mai avut simptomele specifice, metastazele au dispărut, şi-a recuperat energia şi a luat în greutate, s-a întors la serviciu şi la o viaţă normală... Şi-a pus un picior artificial şi a început să înveţe să schieze, dar şi să conducă o maşină special adaptată. Devenise într-atât de radioasă, că cei care o îngrijiseră nu o mai recunoşteau! Nu vom înţelege mare lucru despre originea durerii, a bolii şi a răului din viaţa cuiva, dacă nu avem acces la istoria familiei sale de-a lungul a şapte generaţii. Atunci când localizăm boala în cadrul arborelui genealogic, în contextul său psiho-politic, economic şi istoric, pe o sută de ani, ies la iveală anumite repetări, iar asta îi provoacă bolnavului o emoţie atât de puternică, încât reuşeşte adesea să se elibereze de povara fidelităţii inconştiente faţă de familia sa. În ceea ce mă priveşte, doar prin faptul că obţin de la bolnav informaţii despre familia sa, despre arborele genealogic şi despre secretele de familie, ajung să scot la lumină, într-un interval de două până la patru ore, ceea ce de multe ori necesită zece ani de psihanaliză! Realitatea faptelor şi repetarea lor sar în ochi. Din acel moment, lucrurile încep să se clarifice.

Dar să ne ferim, cum spunea Freud, de catharsisul[8] care nu este urmat de „perlaborare" (faimosul *working through,* o lungă analiză a propriei persoane, a viselor, a asocierii de idei, a lapsusurilor... totul într-o cură analitică). Să ne amintim că Freud, într-una dintre notele sale explicative[9], punea problema deznodământului terapiei şi compara cura cu o simfonie, ale cărei teme sunt dezvoltate şi reluate în diverse registre, dar care, de cele mai multe ori, ating apogeul chiar înainte de sfârşit.

Se mai poate întâmpla ca secretul să fie atât de bine ascuns, încât conştientizarea lui este aproape imposibilă. Într-o asemenea situaţie, se recurge la analiza viselor, la asocieri de idei –

---

[8] (în psihanaliză) Eliberarea, sub formă de emoţie, a unei reprezentări refulate în inconştient şi căreia i se datorează anumite tulburări psihice. (n.tr.)

[9] Cf. *Leader, la Question du genre,* Payot.

în dialog cu terapeutul, conform lui Winnicott, inventator al co-desenului – sau la ecourile personale şi la schimburile din interiorul unui grup restrâns aflat în terapie, prin repunerea în scenă a vieţii unei familii, ca în psihodramă. Repunând în scenă integral vechea situaţie, prin intermediul corpului şi nu doar prin vorbe, ajungem să retrăim emoţia a ceea ce ne-a fost ascuns şi reuşim în sfârşit să exprimăm sentimentele reale şi tensiunea generată de conflictul dintre ceea ce ni se ascunde şi ceea ce noi am presimţit. Prin verbalizare, plânsete, strigăte sau lovituri, se evită somatizarea disconfortului psihic. Iată de ce este atât de important să ne putem exprima – fără reţineri sau pudori – emoţiile, adevăratele sentimente, secretele, nespusul, traumele ascunse, marile suferinţe şi doliul neîncheiat (în psihodramă, tehnica „surplusului de realitate" ne permite să ne luăm la revedere de la morţi înainte de decesul lor, ca şi cum am fi fost alături de ei – sau chiar după, la mormânt sau aproape de marea care i-a înghiţit, lăsându-i neîngropaţi, de exemplu – şi să terminăm, în sfârşit, cu tensiunile acumulate, încheind şi un gestalt[10], până în acel moment abia schiţat).

*Secolul XX a fost cel al hecatombelor. Pentru prima dată în istoria noastră, milioane de bărbaţi au pierit – adesea fără mormânt – departe de pământul lor natal şi de străbuni. Putem vorbi aici de un enorm rău transgeneraţional în civilizaţia noastră?*

---

[10] „Gestalt" este un termen din psihologia de limbă germană, având semnificaţia de „formă", „figură", „configuraţie". Termenul a fost importat din filosofia şi psihologia germană şi este folosit uneori în critica literară pentru a desemna structura operei literare, unitatea sa organică. Cuvântul „gestalt" e folosit în limba germană modernă pentru a desemna modul în care un lucru a fost „gestellt", adică „plasat" or „pus împreună". Nu există un echivalent perfect în limba română, deşi „formă" ar putea constitui o traducere uzuală, iar în psihologie sensul cuvântului este adesea exprimat prin sinonimele „pattern" sau „configuraţie". (n.tr.)

A.A.S.: În secolul XX, a apărut un fenomen nou: masacrele în masă din 1914-1918 (apoi războaiele civile din Rusia şi Spania, cel de-Al Doilea Război Mondial), cu miile de morţi anonimi, nenumăraţi dispăruţi fără mormânt, coexistenţa, în tranşee sau în tabere, a morţilor, muribunzilor şi a celor vii, lenta agonie a răniţilor şi a gazaţilor... şi coşmarurile supravieţuitorilor şi ale urmaşilor acestora. Să reamintim că, pe vremea lui Napoleon I, în timpul retragerii din Rusia, în 1812, chirurgii militari identificaseră deja aşa-zisul „sindrom posttraumatic", care defineşte suferinţele, coşmarurile şi angoasele supravieţuitorilor şi ale celor care au fost martori la moartea tragică a camarazilor (ceea ce regăsim actualmente în coşmarurile urmaşilor, în numeroase ţări – Franţa, Israel, Armenia, Polonia, dar şi Canada sau Statele Unite). Când ştim cât de mult lipsa unei înmormântări împiedică procesul de doliu, vă daţi seama cât rău poate genera un masacru într-o civilizaţie! Există nenumăraţi urmaşi ai armenilor masacraţi în 1915 (au murit atunci peste două milioane), ai evreilor deportaţi în lagăre sau gazaţi la Verdun, care suferă de crize de astm, de eczeme şi de migrene violente, în ziua comemorării masacrului, a deportării, a dramei... Cred că se poate face terapie şi la nivel de popor. Când un înaintaş a suferit, este foarte important ca durerea să-i fie recunoscută în rândul urmaşilor. De aceea a fost atât de important pentru armeni ca genocidul prin care au trecut să fie recunoscut de comunitatea internaţională, chiar şi după cincizeci de ani. Sunt sigură că milioane de oameni s-au simţit în sfârşit consolaţi. Fantoma trebuia nimicită. Şi, viceversa, uitarea anumitor date aniversare are o dimensiune dramatică, fie că este vorba despre asasinarea arhiducelui austriac Franz-Ferdinand, moştenitor al Imperiului Austro-Ungar, pe 28 iunie 1914, la Sarajevo, care a declanşat războiul din 1914-1918, fie că este vorba despre „Joia neagră", când a avut loc marea criză economică din 1929, creşterea şomajului la nivel mondial, preluarea puterii de către Hitler şi războiul din 1939-1945...

Acestea fiind spuse, nu este neapărat nevoie de circumstanțe atât de dramatice pentru ca sindromul repetării să vă joace feste. Printre cei veniți în număr mare la consult, prezentând simptome psihosomatice inexplicabile, erau şi persoane care visau în mod repetat că pierd examene şi că îşi distrug viața profesională... vise, aparent, fără niciun sens. Îmi vine acum în minte povestea unui tânăr, harnic şi inteligent, căruia îi reuşea totul în viață, mai puțin examenele. Am descoperit împreună că, de la sfârşitul secolului al XIX-lea, paisprezece dintre verii săi picaseră bacalaureatul! Urmărind firul acestor dificultăți, am aflat până la urmă că străbunicul băiatului fusese gonit de acasă în ajunul bacalaureatului pentru că o lăsase însărcinată pe bonă şi, cum avea simțul responsabilității, plecase cu ea şi o luase în căsătorie. Ei bine, la rândul său, fiul acestuia abandonase şcoala în ajunul bacalaureatului, aşa cum avea să facă şi nepotul, de fiecare dată din motive minore. Şi tot aşa vreme de patru generații, strănepotul purtând încă povara acestui „păcat originar", ascuns cu mare grijă de către întreaga familie... Ei bine, odată ce-am scos la iveală această istorie, în urma studiului arborelui genealogic, băieții din familie au început să aibă succes la examene!

*Cum se explică faptul că în prezent terapia transgenerațională are atâta succes?*

A.A.S.: Trăim o perioadă de transformare profundă a mediului care ne înconjoară şi a modului în care gândim, a stilului de viață, precum şi a contextului în care evoluăm. Ne confruntăm, aşa cum spune Alvin Tofler, cu un stres colectiv, un fel de *şoc al viitorului,* care multora le creează o stare de angoasă. Astăzi, sunt atât de multe necunoscute – printre care se numără chiar supravieţuirea culturii şi a planetei noastre! În forfota generală, mulţi terapeuţi se văd confruntaţi cu cazuri din ce în ce mai dificile, pe care teoriile clasice nu le pot rezolva. Una dintre soluţii este să-i oferi pacientului ocazia de a se ancora în propria istorie.

*În cartea „Aïe, mes aïeux!", vă referiţi adesea la psihanalistul ungur Ivan Boszormenyi-Nagy. Care este contribuţia lui?*

A.A.S.: În practica clinică, el îi făcea pe pacienţi să vorbească despre familie pentru că, după părerea lui, scopul intervenţiei terapeutice era restabilirea unei etici a relaţiilor transgeneraţionale. Conceptele sale cheie – „loialitate familială invizibilă" şi „registru al socotelilor familiale" – m-au ajutat mult în munca mea. Unitatea unui grup depinde de loialitatea membrilor săi. Această loialitate vizează deopotrivă gândurile, motivaţiile şi faptele fiecăruia dintre membrii grupului respectiv. De unde un alt concept: cel de *justiţie familială.* Când justiţia lipseşte, acest lucru se traduce prin rea-credinţă sau prin exploatarea membrilor familiei unii de către ceilalţi, chiar prin patologii sau accidente repetitive. În caz contrar, când există afecţiune între membrii familiei şi felurite atenţii reciproce, asta înseamnă că *socotelile familiale* sunt ţinute la zi. Putem vorbi despre o *balanţă de socoteli* familiale şi de *un registru al socotelilor* familiei, în care verificăm dacă suntem în credit sau în debit. Dacă lăsaţi după voi datorii, obligaţii şi lucruri neplătite din generaţie în generaţie, riscaţi să vă treziţi cu tot felul de probleme – reglare de conturi privind moşterniri inechitabile, certuri, despărţiri „nefireşti"... Una dintre *neplăţile familiale* cel mai des întâlnite este un deces în familie perceput ca fiind atât de nedrept, încât doliul să nu poată fi plâns, verbalizat, trăit, durerea rămânând astfel ca o rană deschisă, aproape pentru totdeauna.

*Puteţi să ne daţi alte exemple de datorii din registrul de „socoteli familiale"?*

A.A.S.: Cea mai importantă datorie în sistemul loialităţii familiale este aceea pe care fiecare copil o resimte vizavi de părinţi ca urmare a iubirii, ostenelii şi atenţiei pe care le-a primit de la naşterea sa şi până la maturitate. Achitarea acestei datorii este una de ordin transgeneraţional, adică ceea ce am primit de la părinţi înapoiem la rândul nostru copiilor şi tot aşa. Pot apărea distorsiuni patogene între merite şi datorii. Spre exemplu: există familii în care fata cea mare îndeplineşte rolul de mamă faţă de ceilalţi copii, uneori şi faţă de propria mamă. Numim asta *parentificare.*

Un copil care trebuie să joace rolul de părinte foarte devreme se află într-un dezechilibru relaţional semnificativ. De fapt, legăturile transgeneraţionale şi *registrul meritelor şi al datoriilor* sunt foarte greu de înţeles, pentru că nimic nu este clar. Fiecare familie are propria sa manieră de a defini loialitatea familială. Studiul transgeneraţional poate clarifica însă aceste aspecte în mod hotărâtor.

*Regăsim în lucrarea dumneavoastră o abordare antropologică, insistând asupra importanţei vitale a „regulilor familiale"...*

A.A.S.: Nu întâmplător mi-am ales ca terapeut un antropolog (Gessain era director al Muzeului Omului şi îl însoţise pe Paul-Emile Victor în Groenlanda, la eschimoşi) şi am ţinut să lucrez cu Margaret Mead! Este fundamental să ţinem cont de context în această abordare antropologică: trebuie neapărat să punem oamenii şi evenimentele în context şi să înţelegem regulile familiale şi sociale ale epocii, ale mediului, ale locului în care trăiesc. Să luăm de exemplu câteva reguli familiale pe care le întâlnim mai des. În unele familii, există persoane care se ocupă de ceilalţi: cei sănătoşi au grijă de cei bolnavi. Există familii în care regula este să nu se precupeţească niciun efort pentru ca fiul să meargă la studii – fetele nu vor ocupa niciodată această poziţie, ci doar primul fiu. Există şi familii în care „se fabrică un prim născut" pentru a prelua afacerile familiale. În alte familii, se întâmplă adesea ca mai multe generaţii să locuiască în mod sistematic sub acelaşi acoperiş. În alte cazuri, un singur copil primeşte moştenirea, iar ceilalţi pleacă de acasă sau rămân să-l servească...

Când studiem o „genosociogramă", este esenţial să înţelegem cu exactitate ce reguli sunt acolo şi *cine* le stabileşte. Poate fi vorba despre un bunic, o bunică, un unchi... Odată înţelese aceste reguli, fiecare îşi poate ajuta propria familie să diminueze pe cât posibil relaţiile disfuncţionale şi să ajungă la un echilibru al datoriilor şi meritelor fiecărui membru. Nu putem pricepe cu uşurinţă totul de fiecare dată când descifrăm o familie.

*V-aţi ocupat şi de eşecul şcolar, căruia, cel mai adesea, îi găsiţi raţiuni de ordin transgeneraţional.*

A.A.S.: Abordarea mea este deopotrivă contextuală, sociopsihologică, psihanalitică, transgeneraţională, etnologică şi etologică. Fiecare dintre aceste ştiinţe este importantă, iar aportul lor e complementar. În cazul eşecului şcolar, trebuie să adăugăm aspectul socio-economic al acestor loialităţi familiale, strălucit analizate de Vincent de Gaulejac, ale cărui lucrări trebuie să recunosc că m-au ajutat mult. Cercetările sale arată cât de greu îi este unui „bun fiu" sau unei „bune fiice" să depăşească nivelul de studii al tatălui sau al mamei: se vor îmbolnăvi în ajunul examenului, vor pierde trenul, vor avea un accident pe drum sau pur şi simplu vor uita să-şi pună ceasul să sune... În acest fel, răspund în mod inconştient mesajului cu dublu sens al tatălui lor (sau al mamei lor), celebrul *double-bind:* „Fă ca mine, dar să nu care cumva să faci ca mine!". Mai precis: „Eu fac totul pentru tine şi vreau ca tu să reuşeşti... dar mi-e tare frică să nu mă depăşeşti şi să nu ne abandonezi". De fapt, majoritatea acestor mesaje şi acte ratate datează din timpul generaţiilor precedente. Şi aici, ca şi în alte situaţii, suntem guvernaţi de o loialitate inconştientă sau invizibilă.

*Destinul nostru individual poate fi dictat de istoria generaţiilor anterioare. Ceea ce presupune că un eveniment trăit de un străbun cu cincizeci sau o sută de ani înainte ne poate orienta alegerile în viaţă, ne poate determina vocaţiile, poate declanşa o boală şi provoca chiar căderea accidentală pe scară a unui strănepot. Ce mai rămâne atunci din liberul arbitru?*

A.A.S.: Totul. Pentru că putem alege să ne eliberăm de repetările inconştiente din familie, pentru a ne recuceri libertatea şi a ne trăi, în sfârşit, propria istorie.

# 2

# Familia este arborele magic dinăuntrul tău

## Întâlnire cu Alexandro Jodorowsky

Alexandro Jodorowsky este considerat deopotrivă un outsider şi un deschizător de drumuri în acest amplu curent al descoperirii - sau al redescoperirii - universului transgeneraţional. Ce înseamnă, de fapt, „transgeneraţional"? Înseamnă să iei în considerare - mai ales ca terapeut - tot ceea ce fizic, sufletesc sau spiritual, ne leagă de familie, de neamul din care ne tragem. „Or", spune Jodorowsky, „în fiecare dintre străbunii noştri există un Buddha adormit: pentru a ne trezi spiritual, e nevoie să facem efortul de a aduce întregul arbore genealogic la nivelul acestei buddeităţi interioare."

Cu oarecare întârziere faţă de orientali, dar înzestraţi şi ei cu un sistem de introspecţie din ce în ce mai rafinat, occidentalii au descoperit cât de important este „să îşi onoreze străbunii" - pentru că străbunii sunt parte din noi! Să-i onorăm poate însemna să-i cunoaştem, să-i analizăm, să-i demontăm, să-i acuzăm, să-i dizolvăm, să le mulţumim, să-i iubim... pentru ca, în cele din urmă, „să-i vedem fiecăruia buddeitatea interioară".

Cu mult înainte ca terapia transgeneraţională să fie la modă, dramaturgul-regizor Jodorowsky – cofondator al Teatrului Panicii[1], alături de Fernando Arrabal, Ronald Topor şi alte câteva genii provocatoare, sosiţi din America Latină în anii '50 şi '60 – aşezase arborele genealogic în centrul viziunii sale despre lume. E ştiut că fostul „agitator" cultural s-a transformat demult într-un înţelept care-i ajută pe oameni să-şi afle calea în haosul spiritual modern, în special prin intermediul jocului de tarot. Au trecut mai bine de treizeci şi cinci de ani de când primeşte în fiecare miercuri oameni veniţi din toată Europa, într-un bistro transformat în „cabaret mistic", unde, în mod cu totul benevol, dă în cărţi câte unui grup de cinci-şase persoane, în timp ce alţi zeci de „căutători-ai-sensului-vieţii" se înghesuie în jurul lui să audă ce şopteşte artistul, atunci când, după ce l-a chestionat (cu multă compasiune) şi l-a ascultat pe „pacientul" său şi nu înainte de a-i studia cu atenţie „arborele" (genealogic), îi prescrie actul „psihomagic" destinat să-i ritualizeze vindecarea.

În alte seri, scenariul se schimbă: gata cu îmbulzeala, gata cu cabaretul – Alexandro Jodorowsky le împărtăşeşte şi altor terapeuţi arta sa, oferind consultaţie, la el acasă, fiecăruia, pe rând. Ingredientele sunt însă aceleaşi: chestionare plină de compasiune, ascultare, interpretare a semnelor simbolice, psihomagie. Face toate acestea punând mereu accentul pe studierea atentă a „arborelui" fiecărei persoane. Acest ultim aspect a fost şi motivul pentru care am vrut să-l intervievăm. Asistaserăm la una dintre consultaţiile sale – un caz impresionant. Abuzată sexual în copilărie de către tatăl său, o femeie se închisese în

[1] Curent artistic în arta spectacolului, inspirat de suprarealism, îmbrăţişând iraţionalul, misteriosul şi absurdul. (n.tr.)

sine şi refuza complet să facă dragoste – indiferent care ar fi fost partenerul. La cincizeci de ani, după o îndelungată psihanaliză care nu reuşise să rezolve nimic, îl întâlneşte pe Jodorowsky şi acceptă să-i încerce metoda. În doar câteva ore, tot trecutul ei a ieşit la iveală... chiar şi cel dinainte să se nască: arborele său genealogic, minuţios studiat, a dezvăluit o sumedenie de rezonanţe incestuoase în diferitele ramuri ale familiei, de-a lungul mai multor generaţii. Împinsă de „Jodo" să rupă pactul blestemat de iubire-ură care o ţinea înlănţuită de tatăl său, femeia a trecut printr-un moment cumplit. Un fel de transă fulgerătoare, cu urlete şi căzut în genunchi. I s-a prescris un ritual psihomagic abrupt: desenul în mărime naturală al sexului tatălui pedofil, înfăşurat în arborele genealogic familial şi însoţit de un mic obiect fantezist simbolizând răul smuls din inima femeii, totul urmând să fie bine împachetat şi aruncat în Sena... ceea ce va provoca, în cele din urmă, o uimitoare acalmie şi începutul unei nesperate linişti interioare.

### *Conversaţie cu un provocator devenit mare înţelept*

*Este oare posibil să substituim ani întregi de terapie cu o şedinţă-fulger de „psihomagie"?*

Alexandro Jodorowsky: Odată ce am conştientizat faptul că purtăm în corpul nostru propriul arbore genealogic, precum şi faptul că ne putem exorciza suferinţele moştenite în familie aşa cum am exorciza demonii, totul se poate schimba dintr-odată. Acest lucru nu ne scuteşte însă de efortul imens de a lucra cu noi înşine. Este vorba despre un travaliu, înainte de toate, la nivel mental şi spiritual, însă şi la nivelul trupului... Putem să-i sugerăm trupului că trebuie să se elibereze... cu condiţia de a nu ne teme. Nu trebuie să ne fie frică să ne cufundăm adânc în noi înşine, pentru a depăşi partea rău constituită şi toată groaza neîmplinirii sau pentru a ridica obstacolul arborelui genealogic, pe care îl purtăm în noi şi care barează fluxul vieţii. În acest baraj de uscături, veţi întâlni fantomele tatălui şi ale mamei, ale bunicilor şi ale străbunicilor... Trebuie să aveţi curajul şi energia să le apucaţi cu forţă şi să le spuneţi: „Gata! Nu mă voi mai supune acestor ordine fără sens! Ajunge!". Vi se pare greu, nu-i aşa? E firesc... Ce simplu ar fi să putem „înghiţi" câteva dulcegării psihologice care să ne calmeze, câteva pilule de „gândire pozitivă", sau să ne privim într-o oglindă fermecată care să ne spună cât suntem de frumoşi şi de geniali... Dar, până la urmă, ideea era să scăpăm de rahaturile noastre, nu-i aşa? Pentru asta însă e nevoie de efort.

*De unde să începem?*

A.J.: Mai întâi trebuie să ştim să ne poziţionăm pe noi înşine în propriul arbore genealogic şi să înţelegem că acest arbore nu aparţine trecutului: el este foarte viu şi prezent în fiecare dintre noi! Arborele trăieşte în mine. Eu sunt arborele. Eu sunt întreaga mea familie. Atinge-mi piciorul drept şi tata o să înceapă să vorbească, pune-mi mâna pe umărul stâng şi bunica o să înceapă să suspine! Când mă cufund în trecutul meu, îl pătrund şi pe cel al părinţilor mei sau pe-al străbunilor. Problemele noastre nu sunt de natură individuală: e implicată întreaga familie. Există un inconştient familial. Tatăl se hotărăşte să înceapă analiza terapeutică şi, dintr-odată, toată familia intră în rezonanţă şi începe să evolueze. De îndată ce conştientizăm ceva, şi ceilalţi membri ai familiei încep să conştientizeze. Suntem precum o lumină călăuzitoare. Când un măr apare într-un arbore, tot arborele se bucură. Dacă ne facem treaba bine, ne curăţăm de uscăciuni întregul arbore genealogic.

*Poate fi arborele purificat în mod ireversibil, chiar şi fără ştirea celorlalţi membri ai familiei?*

A.J.: Fără ştirea lor da, dar în mod ireversibil nu. Există mereu posibilitatea de a recidiva. Şi această posibilitate este valabilă nu doar pentru cel în cauză, ci pentru întregul arbore. Procesul de recidivă îmi afectează nu numai mie destinul, ci pe al întregii familii, inclusiv pe cel al copiilor care vor veni pe lume, timp de trei sau patru generaţii. Avem o responsabilitate enormă. Mai ales în privinţa copiilor. Ei nu trăiesc în aceeaşi dimensiune temporală cu noi. O întâmplare care pentru noi durează o oră, pentru ei va conta o lună sau un an sau îi va marca poate pe viaţă. Iată de ce trebuie să ştim exact cui ne încredinţăm copiii. Dacă ne lăsăm copilul timp de opt ore în grija unei persoane neurastenice sau isterice sau cu o grămadă de probleme, copilul riscă să absoarbă totul. Ca părinţi, trebuie să avem mare grijă când ne ocupăm de copiii noştri!

*Psihanalişti precum Nicolas Abraham sau Didier Dumas spun că problemele cel mai des întâlnite în arborii genealogici sunt fantomele. E numele pe care îl dau ne-spusului care traumatizează, „secretului transgeneraţional" care se pare că circulă prin arborescenţa familială, îmbolnăvindu-i pe oameni.*

A.J.: Într-adevăr. Iar dacă ne-spusul poate deveni atât de traumatizant, înseamnă că suntem cu toţii traumatizaţi. În nenumărate feluri. Or, la maturitate, avem tendinţa de a-i abuza pe ceilalţi în acelaşi fel în care am fost şi noi abuzaţi în perioada copilăriei. Există abuzuri mentale, abuzuri de limbaj, abuzuri emoţionale, abuzuri sexuale, abuzuri materiale, abuzuri ale fiinţei: nu am fost lăsat să exist prin mine însumi, nu s-a văzut cine eram, s-a dorit de la mine să fiu altcineva, mi s-a oferit o viaţă bogată, care însă nu-mi aparţinea, se dorea naşterea unui băiat, iar eu eram fată... Nu am fost lăsată să văd, să ascult, să vorbesc, iar ceea ce mi s-a spus nu mi se potrivea. Abuzuri materiale: nu am avut spaţiul, condiţiile sau hrana potrivită mie. Cât despre abuzul sexual, acesta este întotdeauna mai răspândit decât ne imaginăm. Lista abuzurilor este foarte lungă. Ca, de altfel, şi cea a învinovăţirilor: e vina ta că ne-am căsătorit, ai fost o povară, mi-am ratat viaţa din cauza ta, vrei să ne părăseşti, ne trădezi, nu gândeşti ca noi şi, mai rău, vrei să ne depăşeşti: se va crea atunci un abuz care va conduce la un eşec sau la o devalorizare. „Tendinţa homosexuală" refulată este extrem de frecventă, precum şi comportamentul de băieţoi al fetelor! Ca să nu mai vorbim de incest! Şi toate acestea se reproduc la infinit. Nu se sfârşesc niciodată. Sunt foarte răspândite. Cum să reacţionezi în faţa unui astfel de umor?

*Umor???*

A.J.: Păi da, pentru că în mod evident Universul a fost creat de către un tip căruia îi plac farsele, doar că unele dintre ele sunt cam macabre! Detectăm acest umor în situaţiile în care apare o sincronicitate. Azi-dimineaţă, iau telefonul şi apăs pe zero, tasta de apelare directă a fiului meu, Adam. O femeie ridică receptorul: „Alo?". „Bună ziua! Adam este?". „Nu, sunt fiica lui". „Fiica lui? Dar fiul meu nu are nicio fiică!". „Ei, asta-i bună! Vreţi să spuneţi că pe tata nu-l cheamă Adam!?". Formasem din greşeală un alt număr şi dădusem peste o fată al cărei tată se numea Adam. Ei bine, ăsta este un joc al lui Dumnezeu, care îmi face o farsă. Mai târziu, i-am spus fiului meu: „Adam, am vorbit cu fata ta din viitor." A sărit în sus: „Haide, tată, termină!". Considera că abuzez…

*În zilele noastre, abuzul cel mai simplu este adesea descris printr-o lipsă: este vorba despre absenţa tatălui, absenţa Legii Tatălui[2]…*

A.J.: Da. Când tatăl este absent, mama devine dominatoare, invadatoare şi nu mai este mamă în adevăratul sens al cuvântului. Prin urmare, putem vorbi de absenţa totală a tatălui ŞI a mamei. Trăim într-o civilizaţie infantilă. Căutăm pretutindeni tatăl – iată de ce există mentorii spirituali, care vin să-i înlocuiască pe taţii care lipsesc – şi câteodată pe mamele care lipsesc… Trăim într-o societate însetată după mângâieri. Eu nu-mi amintesc ca tatăl meu să mă fi luat în braţe – bărbaţii nu se atingeau niciodată. Cât despre mama, din clipa în care mi-au fost tunse pletele blonde, aidoma cu cele ale propriului ei tată pe care îl idolatriza, s-a îndepărtat de mine şi nu îmi amintesc să mă mai fi mângâiat vreodată. Continuăm să fim copiii adeseori abuzaţi de absenţa mângâierilor de care aveam atâta nevoie.

*Până unde ar trebui să mergem pentru a ne elibera de toate abuzurile?*

A.J.: Iată o întrebare mult prea complexă. Asta implică întreaga planetă, cu inundaţiile şi cutremurele sale, precum şi

[2] Legea Tatălui este o expresie utilizată în special în psihanaliză. (n.tr.)

societatea în ansamblul ei, întreaga sa istorie, cu războaiele şi cu crimele sale. În prezent, întâlnesc multe persoane care au probleme ce datează de la războiul din 1914 – un bunic a fost gazat atunci şi uite cum o boală de plămâni, adică o suferinţă emoţională, o problemă legată de lipsa de realizare, îşi face acum apariţia. Plătim şi astăzi pentru războiul din 1914, prin intermediul părinţilor şi al bunicilor şi, adeseori, al unchilor şi al mătuşilor: relaţiile dintre tata (sau mama) şi fraţii şi surorile sale mă pot influenţa foarte uşor, chiar dacă nu ştiu nimic despre violurile, avorturile, pierderile de sarcină, crimele, despre incesturi, despre tendinţele homosexuale neasumate, despre relaţiile sado-masochiste din familiile lor... Este imposibil de întocmit o listă exhaustivă. Uneori, nu e nevoie de „mare lucru". Vii pe lume după moartea unui frate şi primeşti numele de René[3] – simbol al renaşterii – şi iată cum porţi pe viaţă pecetea altei fiinţe, a unui frate decedat. Ni se întâmplă adesea să înlocuim pe cineva: tata îmi dă numele unei logodnice pierdute şi toată viaţa voi fi logodnica tatălui meu; sau mama îmi dă numele tatălui ei, iar eu, pentru a o mulţumi, voi încerca să fiu ca bunicul. Sau se poate întâmpla ca mama, din inconştienţă, să facă pur şi simplu un copil cu tatăl ei – şi uite aşa se repetă povestea cu Fecioara Maria şi Dumnezeu Tatăl: ba poate chiar să mă boteze Iisus, sau Salvatore, sau Iosif – în fine, un nume de inspiraţie divină – şi iată cum mă voi simţi obligat să fiu un copil perfect.

*Să înţelegem, aşadar, că religia joacă un anumit rol în rezonanţele transgeneraţionale?*

A.J.: Da, şi încă unul considerabil! Majoritatea arborilor genealogici, de orice soi ar fi ei, poartă încă de la rădăcină sau, în

---

[3] (fr.) Né = născut, (fr.) René = renăscut. (n.tr.)

orice caz, de multă vreme, urmele unor greşeli de interpretare a cărţilor sfinte, ale denaturării intenţiilor lor iniţiale. În funcţie de locul în care te naşti, toate nenorocirile (şi mai ales deviaţiile sexuale) vor fi interpretate prin prisma Torei, sau a Noului Testament, sau a Coranului, sau a sutrelor[4]... Interpretarea denaturată a textelor sfinte este mai periculoasă decât bomba atomică (şi mă refer aici chiar şi la religiile materialiste şi marxiste, care aduc prejudicii la fel de grave).

Ce face arborele genealogic în privinţa acestor catastrofe? Ca să nu se „usuce" (ceea ce se poate întâmpla dacă secretul nu e lăsat să iasă la suprafaţă), tinde să se echilibreze prin nişte acrobaţii uneori uluitoare: dând naştere unui sfânt, într-o parte, şi unui criminal, de cealaltă parte.

*Vorbiţi despre acest lucru ca şi cum ar fi vorba de un arbore în sensul propriu!*

A.J.: Dar chiar este o fiinţă vie! Unii psihanalişti care au făcut studii genealogice au vrut să îl reducă la formule matematice, încercând să-l raţionalizeze. Dar arborele nu este un lucru raţional, este o fiinţă organică, o specie adevărată de arbore! Mi-am dat seama de asta mai ales de când am început să experimentez teatralizarea arborilor genealogici.

*De unde v-a venit această idee?*

A.J.: Avem cu toţii un timp interior şi un spaţiu interior. Ca să văd care e timpul interior, îl întrebam pe cel din faţa mea: „Cât timp crezi că vei trăi?". Mi se răspundea: optzeci şi şase

[4] Manual sau culegere conţinând proză aforistică, reguli de ritual, de morală, de filosofie sau referitoare la viaţa de zi cu zi, din cultura indiană. (n.tr.)

de ani, şaizeci de ani, şaptezeci şi cinci de ani... Şi am observat că erau vârstele la care muriseră diverşi membri ai familiei. Am văzut, de asemenea, că femeile năşteau copii la aceeaşi vârstă ca şi mamele lor. Se poate spune că străbunii ne lasă moştenire un anumit timp. Ne lasă, de asemenea, şi un spaţiu. Acest spaţiu este condiţionat de morala, religia, inteligenţa arborelui nostru. Pentru a deveni mai inteligent, am înţeles că era nevoie să extind spaţiul interior moştenit de la străbuni. M-am întrebat atunci *unde* se găseşte această familie interioară. Cu toţii avem *o anumită reprezentare* a propriei familii, care ne cuprinde întreg arborele genealogic, cu blocajele sale, dorinţele sale etc. Am realizat astfel că fiecare familie are o anumită configuraţie în mintea unui om şi mi-am zis atunci – era prin anii '70 – că această configuraţie ar putea fi transpusă pe o scenă de teatru. Ideea era să le cer elevilor mei sau unor persoane care asistau la lecţiile mele să-şi reprezinte pe scenă membrii familiei. Dar cum să-i poziţionezi în acelaşi spaţiu? Unora, am simţit nevoia să le ofer scaune; celor mai umiliţi, le-am cerut să se aşeze pe vine; celor uitaţi şi excluşilor, le-am spus să stea cât mai departe; morţii erau întinşi pe jos; copiii erau puşi cu spatele etc. Am obţinut o imensă sculptură în spaţiu. Îl întrebam atunci pe pacient unde anume se vede el, în interiorul acelui spaţiu. Am relatat despre această experienţă în cartea *L'arbre de Dieu pendu*[5]...

Cu cât persoana avea mai multe informaţii despre propriul arbore genealogic, cu atât mai mult ne puteam întoarce în timp. Eu, spre exemplu, făcându-mi arborele genealogic, am ajuns până la anul 1450. Ceea ce mi-a permis să-mi extind, până la acel punct, timpul, teritoriul şi conştiinţa. Asta pentru

[5] Editura Points.

că, după părerea mea, arborele genealogic cuprinde şi nivelul conştiinţei. Ne organizăm familia ca pe o sculptură în spaţiu şi timp, apoi îi măsurăm nivelul conştiinţei.

Aveam astfel în vedere trei obiective: să cunoşti întregul univers, să trăieşti la fel de mult ca şi el şi să devii conştiinţa sa. Trei idealuri divine. Cel mai înalt nivel pe care îl poate atinge conştiinţa este acela al necuprinsului căruia îi spunem Dumnezeu. Câtă vreme nu am atins acest ultim nivel, nu vom avea o conştiinţă complet evoluată. Rămânem cu o viziune dualistă despre noi înşine. Dar dacă depăşim orice dualitate, deplina realizare a conştiinţei se dovedeşte a fi chiar dispariţia sa!

*Iată-ne aşadar în faţa unei scene unde câteva persoane sunt invitate să reprezinte un arbore genealogic...*

A.J.: Îi ceream celui căruia urma să-i studiem arborele să aleagă cu grijă pe cineva care să-l reprezinte pe tatăl său, o altă persoană care să o reprezinte pe mama sa, altele pentru fraţi etc. Or, imediat apăreau nişte sincronicităţi uluitoare, jocuri de rezonanţe între persoanele alese „la întâmplare" şi cele pe care ele le reprezentau. Mai mult ca niciodată, mi-am dat seama că, în Univers, fiecare lucru are legătură cu tot ce-l înconjoară.

*Ceea ce ar putea explica faptul că şi alţi terapeuţi au ajuns în mod independent la metoda pe care aţi descoperit-o. Bert Hellinger, de exemplu, care a avut întrucâtva aceeaşi idee ca şi dumneavoastră...*

A.J.: Mă bucur pentru asta şi nu sunt deloc invidios! Nu există idei cu totul unice şi izolate. Ele se nasc în interiorul societății. Mulți psihogenealogi mi-au frecventat cursurile ani buni, înainte de a-și deschide propriile școli... Asta face ca omenirea să progreseze. Eu m-am îndreptat apoi către psihomagie și psihoșamanism, tehnici chiar și mai avansate. Întâlnim astăzi și psihanaliști care folosesc metode comparabile psihomagiei! Inconștientul nu ține de știință, ci de artă. De aceea, arborele genealogic nu poate fi studiat prin raționament pur. Care este diferența dintre un corp geometric și unul organic? La corpul geometric, cunoaștem perfect relația dintre părți. La un corp organic, aceste relații sunt misterioase – putem adăuga sau scoate ceva, dar organismul rămâne același. Relațiile interne ale unui arbore sunt misterioase. Pentru a le înțelege, trebuie să pătrundem în inconștient. Ca și cum am pătrunde într-un vis. Visul arborelui genealogic nu trebuie interpretat, ci trăit.

*Dar acest vis seamănă mai degrabă cu un coșmar, nu?*

A.J.: Mai curând cu o invitație la travaliul de autocunoaștere, ca și hexagrama[6] a optsprezecea din Yi King, care poate fi tradusă prin „Travaliul asupra a ceea ce este corupt". Imaginea evocă o farfurie cu alimente invadate de viermi și, în legendă, se spune: „Situația s-a înrăutățit din cauza stagnării. Ne găsim în fața unei stări a lucrurilor care lasă de dorit, dar situația conține în același timp tot ce trebuie pentru a-i pune capăt." Este minunat! Când am o problemă (această mâncare stricată), știu ce-mi rămâne de făcut. Același lucru se întâmplă și în tarot: de fiecare dată când o persoană trage o carte răsturnată, îi spun: „Nu ai tras o carte proastă, ci ai înțeles unde trebuie să lucrezi cu tine".

---

[6] *s.f.* Reunire a șase semne. (n.tr.)

Problema este că mulţi oameni se ataşează de propriile suferinţe. O femeie se vaită: „M-a părăsit iubitul!". Eu îi spun: „Vom analiza motivul". Ea refuză: „Nu, n-are rost. Ştiu că sufăr, dar aşa şi trebuie". Eu ce să mai fac atunci? Probabil că femeia gândeşte astfel din cauza lipsei de afecţiune din copilărie şi a ajuns să nu se mai recunoască pe sine însăşi decât în suferinţă. Mulţi oameni – persoanele de faţă se exclud, fireşte (zâmbeşte) – detestă să sufere, dar nu se pot detaşa de suferinţă, pentru că tocmai asta le dă senzaţia că trăiesc.

*Ce ne-ar sfătui Yi King?*

A.J.: Să „traversăm marile ape", adică să ne depăşim pe noi înşine, începând cu trupul nostru, să depăşim imaginea pe care ne-am făcut-o despre noi înşine, apoi diferitele părţi din fiinţa noastră, mergând în linie dreaptă, până când ajungem la îndumnezeire… Care este scopul? Să ne împăcăm cu propriul inconştient. Nu să ne eliberăm de inconştient (ce-o mai fi însemnând şi asta...!?), ci să facem din el un aliat. Dacă inconştientul îmi devine aliat, pentru că i-am învăţat limbajul şi deţin, astfel, cheia tainei sale, el începe să lucreze pentru mine: trece în serviciul meu şi eu în al său, aşadar vom funcţiona împreună. Or, inconştientul nostru este familia. Nu e vorba să ne rupem efectiv de propria familie, ci să fim capabili să-i pătrundem sensul şi să ne facem din ea un aliat, în forul nostru interior. Nu mă refer la persoanele propriu-zise, ci la familia din interiorul nostru. Cum familia se află înăuntrul meu, va trebui să îl iau pe fiecare membru în parte ca pe un arhetip[7].

[7] Model primitiv, formă simbolică, imagine sau schemă înnăscută, exprimată în cultura popoarelor. Potrivit lui C.G. Jung, totalitatea arhetipurilor defineşte inconştientul colectiv, fiind „un fond de imagini străvechi care aparţin tezaurului

Este greşit ca în forul meu interior să îmi păstrez nivelul de conştiinţă numai pentru mine. Trebuie să-l ofer fiecăruia dintre ei, să-i înflăcărez, să-i înalţ. Tot ceea ce le dau lor, îmi dau şi mie, dacă mă lipsesc pe mine de ceva, îi lipsesc şi pe ei. Voi transforma personajele monstruoase. Operând o transmutaţie, vor beneficia cu toţii de nivelul meu mental. Trebuie ca în interiorul meu să fac din toţi părinţii şi străbunii mei nişte fiinţe realizate. Se spune, pe bună dreptate: „Şi câinele este Buddha". Ceea ce înseamnă că şi tatăl meu şi mama mea sunt Dumnezeu, că unchii şi mătuşile mele sunt, de asemenea, Buddha. Şi, atunci, trebuie să descopăr buddeitatea fiecărui personaj din familia mea. Să fie oare vorba de persoane care s-au îndepărtat de buddeitate? Persoane cu inima plină de ranchiună, cu mintea plină de tot felul de prostii, având sexualitatea dominată de dorinţe deplasate? Ei, bine, eu trebuie să-i readuc pe calea cea bună, aşa cum un păstor îşi îndrumă oile. Trebuie să-mi repun familia pe drumul cel bun, în forul meu interior, să fac curăţenie printre nevoi, dorinţe, emoţii. Iată misiunea: o muncă de vindecare a arborelui şi nu, aşa cum ne-am putea imagina, o eliberare de arbore. Nu este vorba să ajungem la o aşa-zisă independenţă... Este ca şi cum aş vrea să fiu independent de societate, de lume, de cosmos. Independent de propria respiraţie! E posibil. Chiar dacă devin pustnic, aparţin societăţii şi universului.

*Deci cum voi „lucra" asupra familiei mele?*

A.J.: În imaginaţie. Trebuie să creăm acest vis al perfecţiunii în interiorul nostru. Aşa ne vindecăm această rană enormă. Le

comun al umanităţii". (*Dicţionar de psihologie*, autor Paul Popescu-Neveanu, Editura Albatros, 1978) vom putea apoi transmite vindecarea noastră şi copiilor... Ea poate lua o infinitate de forme. Eu, spre exemplu, am scris romanul *L'arbre de Dieu pendu.* Alţii o fac prin pictură. Alţii prin teatru. Fiecare trebuie să găsească un mijloc prin care să-şi îmbogăţească propria imagine.

*După ce ne dăm seama că arborele este vindecat – sau pe cale de vindecare?*

A.J.: Arborele se defineşte întotdeauna prin fructul său. Dacă fructul este amar, chiar dacă provine dintr-un imens arbore maiestuos, acest arbore nu e bun. Dacă fructul e gustos, chiar dacă provine de la un amărât de arbore complet încovoiat, atunci arborele este minunat. Întreaga noastră familie, trecută şi viitoare este cuprinsă în arborele dinăuntrul nostru – iar noi suntem fructele.

*Unii lama*[8] *spun că trebuie să ne rugăm pentru străbunii noştri... chiar şi pentru cel care a atins nivelul buddeităţii*[9]*, fiindcă şi el are nevoie. Între noi şi străbuni există un fel de schimb...*

A.J.: Într-o zi, m-am dus la Saintes-Maries-de-la-Mer[10], unde ţiganii plimbă printre valuri o statuie neagră reprezentând-o pe Fecioara Maria. Am intrat în sanctuar gândindu-mă iniţial să mă rog pentru un anumit lucru. Dar, în cele din urmă, adresându-mă Fecioarei, i-am zis: „Ascultă, ţie toată lumea îţi cere o mulţime de lucruri, aşa că eu o să-ţi ofer un masaj!". Şi am masat-o pe Fecioara neagră, pentru a-i alunga oboseala. Să îi ofer un masaj Fecioarei, căreia toată lumea îi cere ceva,

[8] Preot sau călugăr budist din Tibet. (n.tr.)

[9] Nivelul suprem de spiritualitate din budism. (n.tr.)

[10] În traducere, „Sfintele Marii ale Mării", localitate aflată în sudul Franţei, pe malul Mediteranei. (n.tr.)

mi-a adus o incredibilă pace interioară.... Asta mi-a deschis spaţiul mental. Când masezi un bolnav, masezi partea imperfectă din el, dar şi pe Buddha. Medicul îi este inferior bolnavului, el se află în poziţia servitorului, adică în serviciul bolnavului. Nu sunt drumul, ci preşul de la intrare. Nu sunt lumina, sunt întrerupătorul. Dacă vreau să construiesc un arbore genealogic, trebuie să mă pun în postura celui care serveşte, nu a atotştiutorului. Trebuie să joc cartea ignoranţei totale. Şi, abia de aici pornind, trebuie să-l receptez pe celălalt prin prisma acestei ignoranţe, pentru a-l ajuta să existe, pentru a-l ajuta să înainteze cât mai adânc spre propria lumină.

Atunci îmi dau seama că sexualitatea mea nu îmi aparţine mie, ci provine din univers. Că nici măcar propriul corp nu îmi aparţine, căci provine din stele. Că, în corpul meu, niciun atom nu îmi aparţine, că şi cel mai mic atom de hidrogen provine din explozia originară. Că nimic nu este al meu, nici cea mai mică picătură de emoţie. Iubirea pe care o nutresc nu îmi aparţine. Dacă iubirea nu ar fi aparţinut naturii, nu aş fi simţit-o. Emoţiile nu sunt ale mele, ci ale tuturor. Ele provin din Universul însuşi. Universul este un câmp de iubire, un câmp sexual, un câmp material. Vorbim mereu despre singurătate, dar nu suntem niciodată singuri.

*Ţinând cont că v-aţi realizat ca artist, de unde dorinţa de a deveni terapeut?*

A.J.: Prima mea pasiune a fost scrisul, să creez scenarii, benzi desenate. Dar studiasem timp de cinci ani cu un maestru zen[11] şi am fost impresionat de o sutra care spunea: „Eu nu

[11] Sectă budistă din Japonia care se bazează pe inducerea unei anumite conduite, pe o tehnică specială de meditaţie filosofică, menită să stimuleze concentrarea gândirii. (n.tr.)

vreau nimic pentru mine care să nu fie şi pentru ceilalţi". Am descoperit astfel, scotocind prin sentimentele mele nobile - căci avem cu toţii sentimente nobile, de care însă ne ruşinăm fără rost, în societatea asta intelectualizată în care un „adevărat scriitor" trebuie să fie critic şi pesimist! - am descoperit în mine, aşadar, iubirea faţă de umanitate, mai ales după ce am devenit tată. O spun cu deplină naivitate. Dintr-odată, am descoperit că aveam mulţi prieteni, deopotrivă în trecut şi în viitor. Şi trebuia neapărat să particip la această experienţă colectivă! Cum nu-mi place să apelez la subvenţii, am obţinut – pe gratis – o sală (care fusese iniţial sală de dans) şi am lansat Cabaretul mistic, în cadrul căruia vorbeam despre iubirea de oameni. Am început apoi să ofer consultaţii de tarot şi de psihomagie. Şi iată că fac asta de treizeci de ani. Este un serviciu de sănătate publică individual. Iar toate aceste idei ale mele au început apoi să circule...

*De ce oare occidentalii redescoperă abia acum importanţa străbunilor?*

A.J.: Cred că avem mai multe tipuri de inconştient: unul individual, unul familial, unul social, unul istoric. Străbunii noştri se găsesc în inconştientul nostru istoric, unde continuă să trăiască şi să acţioneze. Or, lumea în care trăim este în pericol. Suferă de o boală gravă. Corpul său luptă pentru a supravieţui. Şi cred că, în acest moment, străbunii noştri iau cu asalt această boală precum anticorpii, pentru a ne apăra şi a ne vindeca viitorul. Degradarea noastră are însă şi părţi bune: cred că noi, în schimb, avem de îndeplinit travaliul de vindecare a trecutului. Un trecut bolnav se poate vindeca. Dar cum anume? Schimbând modul în care vedem lucrurile. Istoria nu este altceva decât un punct de vedere.

*Adică?*

A.J.: Trecutul are aceeaşi consistenţă cu visul. E ca şi cu cărţile de tarot. Sunt fenomene care nu au o explicaţie raţională precisă. Putem să le interpretăm mereu altfel, în funcţie de nivelul conştiinţei noastre. Când atingem un nou nivel al conştiinţei, se schimbă şi semnificaţia trecutului – şi, fiindcă apreciem arborele după fructe, dacă fructele se transformă, se transformă şi arborele. Putem deci să ne vindecăm trecutul, să-l înţelegem mai bine. De altfel, în fiinţa noastră suferă bunicul, străbunicul, stră-străbunicul pentru nerealizările lor. Ceea ce înseamnă că, dacă noi ne realizăm, atunci străbunii noştri, în noi, se vor realiza şi ei, prin simplul fapt că se alătură nivelului pe care îl atinge conştiinţa noastră.

*Timpul poate fi, într-un anumit sens, reversibil? Teoreticienii haosului susţin contrariul – şi anume că lumea este deopotrivă imprevizibilă şi ireversibilă.*

A.J.: Da, dar aceasta este soarta materiei. Nu şi cea a spiritului. În spirit, lucrurile pot să se răstoarne. O suferinţă poate deveni bucurie. Un eşec se poate metamorfoza în reuşită. Când consider că trăiesc doar în corpul meu, atunci totul devine ireversibil. Dacă însă considerăm că mai suntem şi altceva decât propriul corp, trecutul devine accesibil în prezent. Acţionând asupra prezentului, acţionăm asupra trecutului. Iluminându-ne prezentul, ne iluminăm trecutul.

*În acest caz, nu există trecut...*

A.J.: Nici viitor. Viaţa – eternă şi infinită – se află în noi chiar în acest moment, acum şi aici. Psihanaliza are mare nevoie să înţeleagă acest fapt elementar, în loc să ţină, în mod absurd, la statutul de *ştiinţă*, şi să continue să aplice legile materiei la lumea spiritului. Oamenii de ştiinţă acceptă cu greu latura „suprarealistă" a inconştientului. Arborele genealogic este complet suprarealist şi nebun! Iar vindecarea trece exact prin asta. De exemplu, vindecarea nu este posibilă fără conceptul de Dumnezeu – dar un concept bun, nu unul alterat! De ce? Pentru că nu există vindecare fără să te uneşti cu necuprinsul. Cum altfel să ne vindecăm – desprinşi de rădăcinile ascunse în vidul primordial – decât regăsindu-ne în neantul de necuprins?

*În viziunea dumneavoastră se regăseşte viziunea budistă. Acolo, vidul absolut nu ne împiedică să ne rugăm pentru străbuni, care au chiar mare nevoie de acest lucru – fie că au fost sfinţi sau asasini!*

A.J.: ... sau oameni simpli, de la ţară. Ei sunt în noi. Sunt rădăcinile noastre. Suntem fructele lor. Cât despre religii, nu va rămâne niciuna neschimbată. Religiile ne-au făcut foarte mult rău. Dar nu Evangheliile sunt problema, ci modul în care acestea au fost interpretate de-a lungul vremii. Practicile rabinice din ziua de azi, fundamentalismul musulman, atitudinea Bisericii Catolice faţă de sex şi de bani... această situaţie este lamentabilă şi va mai genera şi alte boli. Eu însă nu mai cred în revoluţie. În loc să atacăm religia, trebuie să ajungem la esenţa ei şi să valorificăm ceea ce are cu adevărat bun. Trebuie să o transformăm.

*Credeţi că o transformare se poate produce, aşa, deodată, peste noapte?*

A.J.: Da, deodată, dar după mult, mult, mult travaliu. Vedem imediat limitele celorlalţi. Dar mult mai greu pe ale noastre.

# 3

# Constelațiile familiale sau contactul de la suflet la suflet

## Întâlnire cu Bert Hellinger

După studii de filosofie, teologie şi pedagogie, Bert Hellinger a lucrat cincisprezece ani ca „misionar-învățător" în Africa de Sud. În anii '80, întors în Europa, părăseşte corpul misionarilor pentru a deveni psihanalist şi psihoterapeut. Se dedică practicii intense a dinamicii de grup şi ajunge să inventeze o metodă proprie – „Constelația familială" – care reuşeşte să atingă acele profunzimi psihologice pe care limbajul eşuează adesea în a le reda şi pentru care „simțirea" reprezintă adesea unica busolă.

Ajuns astăzi la vârsta de şaptezeci şi şase de ani, Bert Hellinger ține cuvântări care nu sunt întotdeauna *corecte politic.* El face referire la a-ți „onora părinții", la „respectul față de străbuni" şi, mai ales, la „comunicare de la suflet la suflet" – or, sufletul, se ştie, nu există pentru ştiință... Ceea ce nu împiedică metoda Constelațiilor familiale să dezvăluie, într-o manieră extrem de simplă şi de pătrunzătoare, mecanismul prin care suntem legați în mod inconştient de grupurile cărora le aparținem, începând chiar cu propria familie. Ni se propune astfel o metodă inedită de a ne elibera fără a ne detaşa – ceea ce este aproape la fel de imposibil ca a înceta să mai respiri.

Aţi participat vreodată la o Constelaţie familială? Este o metodă elaborată de Bert Hellinger în urmă cu treizeci de ani şi adoptată apoi de numeroase şcoli de psihoterapie. Curios e că această metodă are o soră geamănă, inventată cam în aceeaşi perioadă de către Alexandro Jodorowsky (potrivit biologului Rupert Sheldrake, ideile pot ţâşni în mod spontan în mai multe spirite deodată!). Principiul este simplu. Când îţi vine rândul, alegi mai multe persoane în grup (este o terapie grupală), astfel încât să fie reprezentat fiecare dintre membrii familiei tale (sau ai companiei în care lucrezi, sau ai comunităţii în care trăieşti, în funcţie de locul unde a apărut problema pentru care te afli acolo). Fără a-i spune nimic despre tine, îl aşezi pe fiecare – aşa cum doreşti, în picioare, cu braţele pe lângă corp – în cercul format de către participanţi. Acţionezi întotdeauna „la sentiment", într-o stare pe jumătate somnambulică, fără să te gândeşti la nimic, atent doar la ceea ce se petrece în tine. Apoi te aşezi şi asculţi cum terapeutul „constelator" interoghează fiecare dintre persoanele „constelaţiei" alcătuite astfel. Oricât de nebunesc ar putea părea acest lucru, persoanele respective, care nu ştiu nimic despre tine, despre familia sau despre străbunii tăi, încep să spună lucruri strâns legate de situaţia, de viaţa sau de arborele tău genealogic. Am fost invitat de către unul dintre participanţi la un asemenea atelier[1] să îi reprezint tatăl (ar fi putut fi vorba la fel de bine de un frate, fiu ori chiar de mamă, soţie – vectorii experienţei do-

[1] Am utilizat această metodă în cadrul unui atelier coordonat de o psihoterapeută franceză, Marie-Thérèse Bal-Craquin.

vedindu-se androgini). Toți cei din grup am început să simțim senzații și emoții dintre cele mai diverse, să vorbim, să gesticulăm, să exprimăm cereri pe care nu le controlam. Eram parte dintr-un ansamblu interactiv format din patru, cinci, șase până la douăzeci de persoane, aflate într-o stare asemănătoare cu a mea. Totul devenea din ce în ce mai clar (așa cum avea să ne mărturisească ulterior) pentru cel a cărui problemă o reprezentam prin constelație, iar lucrurile înaintau către o rezolvare cât mai armonioasă cu putință. Are astfel loc o deschidere uimitoare, incomparabilă cu orice altceva. Un lucru este sigur: intelectul nu intervine deloc sau cel puțin nu într-o manieră activă, ci una mult mai profundă. Bert Hellinger vorbește despre o comunicare „de la suflet la suflet"...

*Ați fost mai întâi preot, în Africa, nu? Cum ați devenit psihoterapeut?*

Bert Hellinger: Am condus vreme de șaisprezece ani un ordin misionar în Africa de Sud, într-un loc unde trăiau zuluși ... și mă gândeam că asta voi face toată viața. Am fost apoi mutat în Germania, pentru a conduce seminarii pentru preoți. A fost o oportunitate de a organiza ateliere de lucru în care să aplic tehnici bazate pe dinamica de grup. Și, treptat, mi-am dat seama că drumul meu era altul decât preoția.

*A existat un „declic", un eveniment care a declanșat totul?*

B.H.: În 1971, am participat la un congres al psihanaliștilor. La un moment dat, ședința a fost deranjată de un grup de hipioți foarte zgomotoși. Ruth Cone, un terapeut american, a intervenit atunci, reușind să atragă de partea sa grupul de agitatori și să îi calmeze. Își crease o anumită metodă de interacțiune, care consta în lansarea unei teme în cadrul grupului, pe care o lăsa apoi să se dezvolte... Pornind de la această metodă, după incidentul cu grupul de hipioţi, s-a organizat un grup de lucru, la care am luat şi eu parte. Ruth Cone ne-a expus atunci bazele unei tehnici despre care nu ştiam încă nimic: tehnica intitulată *gestalt.* M-am trezit aşadar confruntându-mă cu propriul trecut şi mi-a devenit astfel clar că trebuie să renunţ la profesia de preot. La sfârşitul sesiunii, m-am adresat celorlalţi participanţi, spunând: „Eu plec." Ceea ce am şi făcut câteva luni mai târziu. Am întâlnit-o pe soţia mea, am început o terapie psihanalitică şi astfel a debutat cu adevărat activitatea mea în domeniul terapiilor. Aveam patruzeci şi cinci de ani.

*Aţi pus la punct atunci „Constelaţia familială", o terapie originală. Cum aţi conceput-o iniţial?*

B.H.: Înainte să o pot concepe, am explorat diverse tipuri de terapii, îndeosebi terapia primală[2], care abordează fiinţa umană la nivel de corp/emoţii. Este o terapie care urmăreşte aducerea la suprafaţă a unor emoţii refulate şi retrăirea la nivel conştient a unor scene traumatice cenzurate. Odată eliberat de amintirea anumitor evenimente dureroase, m-am îndreptat către analiza tranzacţională[3]. Fondatorul acesteia, psihiatrul american Eric Berne, afirmă că schimburile şi tranzacţiile pe

[2] Psihoterapia primală este o abordare terapeutică apărută la sfârşitul anilor 1960 şi iniţiată de psihologul american Arthur Janov. Se axează pe cele mai timpurii experienţe emoţionale ale pacientului şi încurajează exprimarea verbală a suferinţei provenite din copilărie. (sursa: www.la-psiholog.ro/info/psiho terapie-primala, 14.04.2013) (n.tr.)

[3] Metodă psihoterapeutică axată pe relaţiile care apar între membrii grupului psihoterapeutic sau între bolnavi şi psihoterapeut. (*Dicţionar de psihologie*, autor Paul Popescu-Neveanu, Editura Albatros, 1978) (n.tr.)

care le stabilim cu mediul înconjurător ne dezvăluie propriul „scenariu de viaţă". Treptat, mi-am dat seama că pacienţii nu-şi trăiesc întotdeauna propriul *scenariu*... Câteodată, îl reproduc doar pe cel al unui membru din familie. Cu alte cuvinte, străbunii se amestecă în propriul nostru destin! Îmi amintesc de un bărbat care era fascinat de personajul Othello, din Shakespeare. În cursul unei şedinţe, am descoperit şi motivul fascinaţiei. Am început să-l descos în legătură cu pasiunea sa pentru Othello şi, la un moment dat, l-am întrebat: „Cine a ucis din gelozie?". Mi-a răspuns: „Bunicul meu!". Avem aici un prim aspect esenţial: munca mea asupra Constelaţiilor familiale poate dezvălui o identificare inconştientă cu o persoană îndrăgită şi importantă, în cazul de faţă, bunicul.

*De unde vine termenul de constelaţie?*

B.H.: Este o traducere prescurtată. Ar fi fost preferabil să păstrăm traducerea literală din limba germană şi să vorbim despre „poziţionarea familiei în spaţiu". Căci, pentru a forma o Constelaţie familială, „poziţionăm" efectiv diverşi membri ai familiei în spaţiu, pe o scenă, fiecare dintre ei aflându-se în raport cu ceilalţi. Cam cum sunt unite între ele stelele pe cer.

*Povestiţi-ne cum se derulează o terapie de Constelaţie familială.*

B.H.: Primul aspect care trebuie menţionat este că vorbim despre o activitate de grup, pe care eu însumi o oficiez în public, într-o sală mare. „Constelatul", cel care are o problemă de rezolvat, acceptă să se urce pe o scenă, iar eu îi pun literalmente pe tapet problema, aducând în jurul său persoane care îi reprezintă familia. De cele mai multe ori, este vorba despre părinţi, fraţi şi surori... dar şi despre pacientul însuşi. El alege din public persoanele care vor juca rolul celor apropiaţi. Evident, ceilalţi nu ştiu nimic nici despre povestea pacientului, nici despre cea a familiei sale. Odată rolurile atribuite pe scenă, pacientul îşi plasează fiecare coleg în locul care i se pare cel mai potrivit. Persoana care reprezintă mama stă faţă în faţă cu cea care reprezintă fiul, fiul se aşază cu spatele la „soră" etc. Pacientul le indică direcţia privirii, distanţa unuia faţă de celălalt, iar asta într-o manieră cu totul intuitivă. Se retrage apoi din scenă şi îi urmăreşte în linişte.

*Ceea ce descrieţi îmi aminteşte de anumite practici dezvoltate de către Alexandro Jodorowsky, mai ales de „Sculptura familială", o terapie creată în 1942 de către Virginia Satir, psihoterapeut în grupul de cercetare al Institutului de Cercetări Mentale de la Palo Alto, din Statele Unite...*

B.H.: Există totuşi mari diferenţe... Mai întâi, în terapia Sculpturii familiale, protagoniştii sunt membrii familiei reale. Apoi, pacientul îi aşază în relaţie unii cu ceilalţi şi le atribuie o anumită atitudine. Pe unii îi pune să se întoarcă, să ridice un picior... Pe scurt, „sculptează" fiecare personaj, are o poziţie de influenţă. În cadrul unei Constelaţii, intervenţia subiectului este minimală. Cât despre membrii propriu-zişi ai Constelaţiei, aceştia sunt cu toţii „poziţionaţi" în spaţiu într-un mod foarte intuitiv. Nu se dă nicio indicaţie şi nu există niciun consemn. Doar în aceste condiţii mecanica se pune în mişcare, iar actorii involuntari se apucă să interpreteze un scenariu care nu este al lor, mânaţi de o forţă interioară: cea a familiei constelatului.

*Când puneţi în scenă o Constelaţie, ce anume se petrece, mai exact?*

B.H.: Pentru a forma o Constelaţie, verificăm cu foarte mare atenţie, atât din punct de vedere senzorial, cât şi emoţional, ca persoanele alese pentru a întrupa membrii familiei pacientului să se „simtă" cu adevărat reprezentanţii acestora. Persoanele alese nu înţeleg cum se întâmplă asta, dar totul are legătură cu ele. Câteodată, adoptă chiar intuitiv vocea celui sau a celei pe care o reprezintă, vocabularul şi gestica, ticurile sale... În condiţiile în care este vorba despre oameni pe care nu i-au întâlnit niciodată!

Odată Constelaţia formată pe scenă, adică în momentul în care fiecare persoană a intrat în această stare de conştiinţă personalizată, „membrii familiei" vor reacţiona în mod diferit... totul depinde de rolul care li s-a atribuit. Unii pot avea senzaţii de căldură, sau de frig, sau de sufocare, ori dorinţa de a se mişca sau de a se aşeza pe jos; de asemenea, pot apărea anumite dureri... De regulă, toţi ajung să simtă simptomele persoanelor pe care le reprezintă – literalmente! Sub influenţa personajelor pe care le întrupează, aproape că se transformă în nişte marionete. De cele mai multe ori, totul devine extrem de spectaculos. Noţiunea de câmpuri morfogenice[4], elaborată de Rupert Sheldrake, ne poate ajuta să înţelegem fenomenul constelaţiei. Vă reamintesc că această teorie presupune existen-

---

[4] Câmpul morfogenic este un concept elaborat de biologul Rupert Sheldrake. Acesta susţinea că fiecare formă generează un câmp specific care persistă în timp. Sheldrake a efectuat următorul experiment: nişte şoareci plasaţi într-un labirint au descoperit, după un anumit timp, drumul către ieşire. Următoarea generaţie de şoareci a descoperit drumul mult mai repede decât precedenta, iar următoarea generaţie, şi mai repede. Există, aşadar, ipoteza că informaţia respectivă să fi rămas stocată în ADN-ul şoarecilor. (n.tr.)

ţa unei cunoaşteri colective, accesibile oricărui individ, şi că ea se poate dezvolta într-un grup dat. Evident, este o ipoteză care face obiectul unor controverse[5].

*Iată, aşadar, o Constelaţie pusă în scenă în jurul pacientului: care este atunci rolul dumneavoastră?*

B.H.: Construcţia acestei prime Constelaţii reflectă modul în care pacientul percepe în prezent situaţia. Locul pe care îl ocupă aici reprezentanţii, dar şi reacţiile lor, fac posibilă identificarea intricaţiilor[6] existente. Cel care conduce Constelaţia ajunge atunci cu uşurinţă să simtă care ar fi „pasul următor" care-i va influenţa cursul vieţii.

*„Pasul următor"?*

B.H.: Să presupunem că, la un moment dat, pe scenă, se află o persoană care o reprezintă pe mama pacientului şi că, în faţa ei, altcineva îl reprezintă pe tată. Să presupunem că cel care îl reprezintă pe pacient, adică fiul, se pune chiar între aceste două persoane şi priveşte drept în faţă, nemişcat. Într-o astfel de configuraţie, putem „simţi", de exemplu, că fiul, plasându-se acolo, între părinţii săi, nu le permite celor doi să se privească. Eu simt însă că el vrea să plece, că această situaţie nu îi convine. Introduc atunci o mişcare – îi sugerez să înainteze trei paşi. El acceptă. Şi, imediat, îmi spune că se simte mai bine. Situaţia evoluează. Încerc mereu să determin ce alte personaje ar trebui integrate în Constelaţie, cele care sunt evidente

[5] Lucrările lui Rupert Sheldrake, de la *Une nouvelle science de la vie* şi *Ces animaux qui attendent leurs maîtres*, au fost publicate în Franţa la editura Rocher.

[6] Intricaţie *s.f.* – amestec, întretăiere; încrucişare întâmplătoare. (n.tr.)

(de exemplu, un bunic), cele despre care pacientul mi-a vorbit (ştiu, de exemplu, că are două surori), dar şi cele care e posibil să fi fost excluse de-a lungul generaţiilor şi a căror absenţă poate fi, deodată, puternic „resimţită"... de către terapeutul care conduce Constelaţia sau de către unul dintre reprezentanţii de pe scenă. Are loc un fenomen de impregnare, iar reacţiile lor se înlănţuie. Cu ajutorul unor fraze eliberatoare şi al diverselor semne de recunoştinţă şi de respect, cei care au fost excluşi – şi rămâneau nişte fantome – pot fi aduşi la lumină şi recunoscuţi. Fiecare îşi regăseşte locul care îi revine...

*Dar cum puteţi fi sigur că ştiţi ce personaj este important pentru a dezlega nodul problemei (sau unul dintre ele)?*

B.H.: Este vorba despre intuiţii sau, mai degrabă, despre percepţii. Nu mă folosesc de imaginaţie, ci, mai degrabă, am acces la anumite informaţii prin intermediul atitudinii personajelor, al reacţiilor, al mimicii şi al cuvintelor pe care le rostesc, pentru că pot să aibă şi ceva de spus. Terapeutul se bazează pe ceea ce simte sau, mai exact, pe ceea ce percepe. Este o percepţie fenomenologică.

*Mai exact...*

B.H.: După mine, metoda Constelaţiilor familiale este o psihoterapie fenomenologică, adică neguvernată de o teorie elaborată în mod special. Fenomenologia este o abordare filosofică pentru care nu primează neapărat verbalizarea. Percepţia aceasta fenomenologică este instrumentul esenţial folosit de terapeut în Constelaţie. Atenţia noastră subliminală[7], sub-

[7] Subliminal, -ă *adj.* – inferior pragului conştiinţei. (n.tr.)

conştientă, ne furnizează tot felul de informaţii – chiar şi irelevante, care ne parvin prin intermediul Constelaţiei –, informaţii pe care ne permite să le interpretăm intuitiv. Nu este însă uşor să definim legătura inedită care se stabileşte între constelator şi grupul pe care el îl însufleţeşte. Această practică îţi solicită prezenţa şi un anumit tip de atenţie, într-o situaţie unde totul te ia complet pe neaşteptate, fără a putea anticipa ce anume se va întâmpla în timpul Constelaţiei. Primează doar percepţia imediată a situaţiei.

Încerc să întrevăd ceea ce nu funcţionează în ordinea deja existentă. Pentru asta, mă folosesc de percepţiile şi de experienţa mea. Făcând asta, terapeutul nu are un scop definit. El rămâne concentrat – sau, mai degrabă, centrat, deschis la ceea ce urmează să se întâmple. Nu ştie încotro se îndreaptă... E deschis în faţa fiecărui lucru, pe măsură ce acesta îşi face apariţia. Nu trebuie să-i fie teamă de ceea ce va apărea, dar nici să se arate critic – ambele elemente îi pot perturba percepţia. Totul are loc în spiritul Tao: cât mai prezent posibil, dar complet degajat şi fără aşteptări. Important în Constelaţii este doar ceea ce e adus la lumină. Nu terapeutul este cel care acţionează, ci realitatea care reiese din situaţia pusă în scenă. Terapeutul nu manipulează pe nimeni – el nu intervine, ci se află doar în serviciul acestei realităţi.

*Să clarificăm: poate fi Constelaţia comparată în vreun fel cu interpretarea unor roluri?*

B.H.: Nu, în măsura în care nu există niciun rol de *interpretat*: este vorba despre o situaţie în care eşti atent şi prezent, fără nicio urmă de voinţă. Cei care practică meditaţia zen mă vor înţelege cu uşurinţă: este vorba de a ne pune în situaţia unei persoane care meditează, dar care, în loc să rămână deschisă Necunoscutului – în dimensiunea sa absolută –, ar rămâne deschis faţă de ceilalţi şi faţă de ceea ce se petrece în jurul său. Este un fel de meditaţie „orientată". Este obligatoriu ca această atitudine să fie însoţită tot timpul de bunăvoinţă – în spiritul compasiunii budiştilor: orientată către ceilalţi. Nu este însă vorba de a *vrea* ceva anume, nici măcar de a *vrea să te vindeci.* Aceste niveluri superioare ale psihicului trebuie scoase din circuit. Este vorba pur şi simplu despre a fi prezent în acel moment, de a observa ce se petrece şi, eventual, de te exprima în acest sens.

*Cum ştie terapeutul dacă percepţiile sale sunt sau nu corecte?*

B.H.: Este suficient să fii „prezent", atent la ceea ce se petrece. Dacă avem suficientă răbdare, cuvintele sau acţiunile vor apărea ca nişte fulgerări. Ştim că aşa trebuie să procedăm! Atunci când aleg pe cineva, indiferent unde îl poziţionez după aceea în spaţiu în raport cu ceilalţi, nu ştiu exact de ce o fac. Este intuitiv. Simt asta. Într-o oarecare măsură, terapeutul aşază piesele unui puzzle fără să ştie ce anume reprezintă această configuraţie. Doar pe parcurs – uneori abia la sfârşit – totul devine clar! Soluţia apare numai atunci când toate persoanele poziţionate se simt bine acolo unde se găsesc.

*Cum evaluaţi succesul unei Constelaţii?*

B.H.: Este vorba despre ceea ce tocmai v-am spus: atunci când toţi membrii Constelaţiei par a se afla la locul lor, destinşi, cu figuri care radiază. Repet, toţi. Atâta vreme cât un singur membru al Constelaţiei nu se simte în largul lui, înseamnă că ceva nu este în regulă.

*Cât timp este necesar pentru a ajunge la acest rezultat?*

B.H.: O şedinţă durează în jur de o jumătate de oră, în funcţie de complexitatea intricaţiilor, bineînţeles. Este însă inutil să o prelungim la infinit. În primul rând, pentru că, după o anumită vreme, capacitatea de concentrare a participanţilor scade. Apoi, dacă situaţia nu se clarifică la finalul acestui interval, ne aflăm în faţa unui blocaj. Încă o dată, terapeutul intervine foarte puţin... În consecinţă, dacă situaţia nu se clarifică, dacă nu avansează, înseamnă că această realitate este cea care trebuie analizată. Să ştiţi însă că această conştientizare a existenţei unui blocaj îi poate fi foarte utilă pacientului, fiindcă poate reprezenta, pentru el, începutul unui proces.

*Aşadar, există şanse ca exerciţiul unei Constelaţii să fie un eşec, să nu reuşească. Ce poate însemna acest lucru?*

B.H.: Îmi amintesc cazul unei paciente care, după o asemenea Constelaţie, plecase foarte mânioasă de la şedinţă. Mi-a mărturisit că, după câteva ore, în timp ce se afla la volanul maşinii, a fost copleşită de emoţie. A început să plângă şi a fost nevoită să oprească la marginea unei păduri. Acolo, a conştientizat brusc care este adevărata problemă şi ce trebuia să facă să o rezolve. Undeva în interiorul ei, Constelaţia îşi urmase drumul. Să nu uităm că o persoană care s-a hotărât să se vindece are nevoie pentru început de foarte multă voinţă. Pe de altă parte, voinţa în stare pură poate afecta buna desfăşurare a unei şedinţe.

*Dar dacă vindecarea nu este obiectivul Constelaţiei, atunci care este?*

B.H.: Constelaţia repune în ordine sistemul familial, ea „infuzează" armonia, reaşezând fiecare individ la locul său, în raport cu ceilalţi. Ca să înţelegeţi mai bine acest lucru, să luăm o imagine şi să comparăm sistemul familial cu o „sculptură mobilă" a lui Calder. Fiecare dintre elementele sale are un loc definit, care participă la echilibrul ansamblului. Dacă unul dintre ele trebuie exclus, întregul mobil începe să vibreze. Toate elementele sunt aşadar legate şi se influenţează reciproc. Scopul lucrării de Constelaţie constă deci în a pune în lumină dinamicile şi dezechilibrele ascunse. Excluderea este una dintre ele: dacă un membru al familiei este exclus sau uitat, dacă ceilalţi membri ai familiei resping existenţa sa, întregul sistem familial suportă o presiune, câteodată enormă, în general inconştientă, care nu se va diminua decât atunci când această pierdere va fi compensată.

*Cum s-ar traduce concret acest lucru pe scenă?*

B.H.: Să luăm exemplul lui Paul, un băiat de paisprezece ani, care se descurca foarte greu la şcoală. În plus, avea şi o tendinţă de suicid. În Constelaţia pe care am pus-o în scenă în acest context, „el" (de fapt, reprezentantul lui) stă în picioare, alături de „profesorul" său şi în faţa „părinţilor". Băieţelul pare trist. Îi spun acest lucru. Lacrimile încep să-i curgă, urmate la scurtă vreme de cele ale persoanei care o reprezenta pe mama sa. Simt că el nu-şi manifestă propria tristeţe, ci pe cea a mamei. Trebuie să fi existat un eveniment în familia lor, mai exact în familia mamei, care a întristat-o. Îi pun această întrebare. Ea îmi răspunde că sora ei geamănă a murit la naştere. Un eveniment despre care nu se discutase niciodată în familie (şi care se va dovedi exact în povestea mamei reale; înţelegerea modului în care o asemenea informaţie a putut apărea în conştiinţa persoanei care o reprezenta pe mamă în

Constelaţie este o provocare pentru ştiinţă, nefiind însă problema noastră în acest moment!). Această soră fusese uitată şi toată lumea (printr-un acord tacit, în care nimeni nu a spus nimic) se comporta ca şi cum drama nu ar fi avut loc niciodată, ca şi cum această fetiţă nu ar fi existat. Când are loc o asemenea tragedie, cineva este ales – sub presiunea conştiinţei clanului – pentru a reprezenta, în realitate, această persoană dispărută. Şi, de cele mai multe ori, excluderea va fi compensată de către unul dintre copii. Acesta din urmă, în cazul nostru Paul, se va identifica cu persoana exclusă. El exprimă sentimente care nu-i aparţin, adoptă comportamente şi dezvoltă simptome care semnalează că ceva nu merge.

*Şi ce se întâmplă când cel exclus îşi revendică locul?*

B.H.: În situaţia de faţă, exista în mod vizibil o lipsă: sora geamănă a mamei nu figura în Constelaţie. Am hotărât aşadar să o introduc în schemă şi am ales pe cineva să o reprezinte. Era un prim pas pentru a reinstaura ordinea. Am pus-o să stea cu spatele la ceilalţi membri ai familiei, pentru a sublinia faptul că nu făcea parte dintre ei la acel moment. Atunci, mama s-a deplasat pentru a merge în spatele surorii ei gemene. Această reacţie dezvăluia o dinamică ascunsă: atitudinea mamei arăta în mod clar că doreşte să-şi urmeze sora în moarte. Făcea însă acest lucru din dragoste. Cum se simţea ea în acest loc? Am întrebat-o. „Mai bine", mi-a răspuns, confirmând astfel dorinţa inconştientă de a-şi urma sora în lumea de dincolo.

*Aţi dedus asta numai pentru că mama se aşezase în spatele surorii dispărute?*

B.H.: Este o dinamică foarte frecventă în Constelaţii. „Te urmez" semnifică faptul că o persoană se simte împinsă să meargă în urma pașilor unui alt membru din sistemul său. Și, adesea, asta înseamnă „te urmez în boala ta" sau „te urmez în moarte".

*Există și alte dinamici în cazul în care o persoană preia povestea alteia?*

B.H.: O să continuăm cu același exemplu. Am readus mama la locul inițial, iar pe locul ei – în spatele surorii excluse – l-am așezat pe fiu. Imediat, băiatul care îl reprezenta pe Paul a exclamat: „Mă simt mai bine!". Apare așadar o dinamică secundară, ca urmare directă a lui „te urmez". Este o hotărâre de tipul „să fiu mai degrabă eu în locul tău". Ce se întâmplă când Paul preia locul mamei? El simte că ea își dorește să moară și îi spune: „Mor eu pentru tine". În condițiile în care unul dintre părinți este „absorbit" cumva în afara familiei, din rațiuni sistemice, mai precis când încearcă să reîntâlnească un membru decedat al familiei, copiii resimt acest lucru în mod inconștient. Luând hotărârea „să fiu mai degrabă eu în locul tău", copilul se pune în serviciul familiei sale, cu care se simte în armonie, și își duce astfel la îndeplinire misiunea, având conștiința împăcată.

*Cum a evoluat mai departe Constelația lui Paul?*

B.H.: În continuare, am așezat-o pe sora geamănă alături de mamă: era, așadar, acceptată din nou în rândul familiei. Făcea din nou parte din clan. L-am deplasat apoi pe tânărul băiat până în fața părinților. „Acum, rămân", i-a spus mama. Prin urmare, nu mai era nevoie să facă ceva pentru mama lui sau, mai degrabă, *în locul* mamei sale. Așadar, s-a simțit eliberat. Și iată soluția! Până la acel moment, băiatul își dorise, în mod inconştient, să se sinucidă în locul mamei. Mai rău era că se şi simţea bine în acest rol, care de fapt nu-i aparţinea. Ar fi putut să treacă la fapte într-una dintre zile, având cugetul curat cum că ar fi făcut-o *în locul* mamei. Nu putem salva pe cineva atâta vreme cât acea persoană este convinsă că ia decizii juste şi nu încearcă niciun sentiment de culpabilitate: inconştient, el urmează regulile grupului, mai precis ale familiei sale. Aşa cum probabil bănuiţi deja, acest sentiment apare în funcţie de apartenenţa la grup: avem certitudinea că aici este locul nostru. Este una dintre cele mai importante legi ale familiei.

*Înseamnă că simpla senzaţie de apartenenţă la un grup ne disculpă de toate acţiunile pe care le vom întreprinde în numele acestui grup, în scopul coeziunii sau al supravieţuirii acestuia?*

B.H.: Aşa este. Atunci când sentimentul de apartenenţă este clar, preluăm conştiinţa grupului sau, în cazul de faţă, a familiei – familia este grupul cel mai puternic, dar poate fi vorba şi despre o gaşcă, o armată, o comunitate, un partid, o asociaţie, un sindicat, o bandă… căreia îi acordăm acest rol cu obedienţă şi ale cărei valori ni le însuşim. Dimpotrivă, când ne confruntăm cu teama de a înceta să mai aparţinem acestui sistem, avem o conştiinţă neliniştită. Aspiraţia de a aparţine grupului constituie, în straturi foarte adânci ale inconştientului, forţa motrice a acţiunilor noastre. Grupul este conştiinţa mea; el decide pentru mine ce e bine sau rău. A avea o conştiinţă liniştită reprezintă, de fapt, o nevoie infantilă. Când suntem mici, resimţim cu toţii puternic nevoia de a fi priviţi, acceptaţi şi aprobaţi de către părinţii noştri. Căci nimic nu e mai rău decât să te trezeşti exclus din propria familie. De unde şi forţa colosală a obedienței care ne leagă de familie: pentru a nu fi excluși și a putea supraviețui *sub privirile părinților,* suntem literalmente gata să facem orice – în mod paradoxal, să ne dăm și viața! Eu consider că, în perioada copilăriei timpurii, motorul acestui proces este iubirea pură. Totuși, la maturitate, trebuie să ne eliberăm de privirea părinților noștri. Pentru că, deja, nu mai este vorba de iubire, ci de un amestec de teamă și obișnuință. Evident, pentru a ne elibera, trebuie să riscăm să urmăm o cale care nu se conformează idealurilor părinților noștri, afectându-le astfel amorul propriu. Așadar, această eliberare este însoțită adesea de sentimentul de vinovăție. Aș spune chiar că, la un anumit nivel, niciun progres în împlinirea de sine nu poate fi realizat fără a te simți vinovat. Vinovăția ne copleșește în asemenea măsură încât ne induce sentimentul unei datorii prea mari față de grupul nostru referențial, în special al unei datorii față de„străbuni" de care nu ne putem achita. Astfel, eu am întâlnit mulți evrei care au supraviețuit lagărelor de concentrare și care continuau să se simtă vinovați față de toți cei care nu supraviețuiseră. Se comportau ca și cum ar fi refuzat să trăiască. Era felul lor de a-și plăti datoria – un mod absurd, însă de înțeles. Iar acest lucru aduce un plus de lumină Constelației noastre – toate schimburile trebuie să fie echilibrate: dacă am primit, trebuie să înapoiez; dacă dau, trebuie să primesc în schimb. Astfel stau lucrurile. Nu pot decât să constat. Legea echilibrării este inevitabilă. Pot foarte bine, potrivit propriei mele viziuni asupra „libertății", să nu mă supun niciunei reguli de apartenență la grup. Trebuie să fiu însă conștient că nu vom putea evita, nici eu și nici descendenții mei, o iminentă reechilibrare, uneori chiar foarte violentă. În acest sens, sunt de părere că e ridicol să limitezi terapia transgenerațională, așa cum fac unii, la faptul de a ne

„smulge" destinului nostru genealogic, de a ne elibera de el, de a ne tăia întrucâtva rădăcinile care nu ar face decât să ne împotmolească. Ba, dimpotrivă, după mine, pentru a se elibera, o persoană trebuie să treacă prin cunoaşterea rădăcinilor sale ancestrale. Dacă le neagă, dacă le detestă, dacă îşi insultă părinţii şi înaintaşii, dacă îi ocărăşte în gând, dacă dă curs liber tuturor sentimentelor negative pe care le are faţă de ei, atunci toate acestea nu pot duce decât la un singur lucru: culpabilizarea la un nivel inconştient şi senzaţia că trebuie să se pedepsească din această cauză.

*Să revenim la obiectivul Constelaţiilor. Este vorba de restabilirea ordinii în sistemul familial... Ceea ce înseamnă că există legi care guvernează această ordine?*

B.H.: Într-adevăr, fiecare tragedie familială se bazează pe o încălcare a legilor care guvernează acest sistem. V-am vorbit deja despre una dintre aceste legi: sentimentul de apartenenţă şi abaterile aferente. Când un membru al familiei a fost exclus sau expulzat, atunci, cineva, mai târziu, se va simţi cu siguranţă implicat în mod inconştient în destinul celui exclus şi îşi va însuşi acea excludere, fără a o înţelege. Situaţie care va putea fi evitată doar dacă va urma o terapie transgeneraţională. Cea de-a doua lege sistemică familială are legătură cu prezenţa: fiecare trebuie să aibă locul său, potrivit unei ierarhii cronologice bine definite. Ordine care nu ţine de calitate, ci înseamnă pur şi simplu că părinţii trec înaintea copiilor, iar străbunii – sau ascendenţii –, înaintea descendenţilor. Ei au aşadar un avantaj. Nimeni nu se poate amesteca în problemele unui ascendent, fără ca acest lucru să creeze dezordine. Cazul fiului care îşi doreşte să moară în locul mamei este ilustrativ, căci el se amestecă în treburile mamei. Am remarcat că toate tragediile urmează acelaşi tipar: un descendent se amestecă în treburile unui străbun şi o face având conştiinţa împăcată. Mai rău, această conştiinţă îi justifică intruziunea. Însă presiunea conştiinţei de clan îl face să eşueze.

*Conştiinţă împăcată, conştiinţă neliniştită, conştiinţă de clan: toate aceste „conştiinţe" sunt, în realitate, subconştiente! Cum funcţionează, după părerea dumneavoastră, cea a clanului?*

B.H.: De fapt, este destul de simplu. În primul rând, gândiţi-vă că o conştiinţă de grup există în mod cert; în al doilea rând, ea veghează asupra memorării datelor. Oricare ar fi natura schimburilor pe care oamenii le fac între ei, aceştia sunt conduşi întotdeauna de către o conştiinţă împăcată sau, dimpotrivă, vinovată. Este ceea ce ne împinge să ne amestecăm în problemele străbunilor noştri şi să facem astfel excepţie de la regulă. Când ştim acest lucru, putem să ne dirijăm conştiinţa personală în aşa fel încât să ne punem în armonie cu acea conştiinţă a clanului. Este adevărat că, în ceea ce o priveşte, conştiinţa personală nu are acelaşi scop cu conştiinţa clanului – pe care eu o numesc uneori „sufletul colectiv". Şi pe care o putem descrie drept forţă, un principiu care ne împinge inexorabil să căutăm armonia grupului şi să restabilim echilibrul colectiv. Conştiinţa de clan depăşeşte individul şi veghează ca nimeni să nu fie exclus. Chiar dacă excluderea unui membru pare justificată dintr-un anumit punct de vedere raţional, conştiinţa de clan nu va tolera acest lucru şi va face totul ca familia să reacţioneze ca şi cum s-ar fi produs o nedreptate pe care trebuie să o ispăşească. Pentru restabilirea ordinii, este obligatoriu ca cel exclus să-şi regăsească locul, chiar şi sub forma unui înlocuitor.

*Un fel de memorie care conservă şi care urmăreşte să păstreze figura iniţială, astfel încât fiecare membru să aibă locul său!*

B.H.: Da, este ceea ce eu numesc „intricare sistemică". Se întâmplă uneori ca fata să preia rolul mamei sale, dacă aceasta este bolnavă sau depresivă. Fiica se plasează deci deasupra mamei. Dar acest lucru constituie un adevărat delict în conştiinţa colectivă, căci rolurile sunt inversate, dând naştere unor probleme psihologice care pot afecta membrii familiei. Or, extraordinar este tocmai faptul că destabilizarea unui sistem familial poate fi resimţită de-a lungul mai multor generaţii. O tânără fată se poate trezi destabilizată, preluând sentimentul de culpabilitate al uneia dintre străbunicile sale, pe care nu a cunoscut-o niciodată şi a cărei „greşeală" nu i-a povestit-o nimeni! În desfăşurarea unei Constelaţii familiale, trebuie să îi redăm acestei persoane excluse locul care îi revine în sânul familiei. În cazul unei stră-străbunici, aş introduce pe scenă mai multe persoane, reprezentând mai multe generaţii, pentru a ajunge la originea problemei. Imediat ce străbuna exclusă va fi reabilitată şi acceptată – reprezentanta sa manifestând o stare de bine în sânul Constelaţiei –, ordinea va fi restabilită în descendenţă.

*Care sunt tipurile mai importante de probleme pentru care s-a recurs la această tehnică a Constelaţiilor?*

B.H.: Înainte de a vă răspunde, aş vrea să subliniez unul sau două puncte. Mai întâi, o Constelaţie nu este nici ceva distractiv, nici vreun spectacol. Nu ne apucăm să facem o Constelaţie din curiozitate. Mizele acestora sunt adesea foarte grave, căci pacientul suferă. Indiferent că este vorba despre o boală, despre o tendinţă de suicid sau doliu care nu a fost ținut în momentul când mama pacientului a murit la nașterea sa – pe scurt, de tot felul de situații în care ne regăsim neputincioși în fața suferinței, Constelația poate fi tehnica potrivită. Evident, asta nu înseamnă că ne „reglăm socotelile" cu un membru sau altul al familiei. Pentru asta, există numeroase terapii de tip „emoțional", care sunt mult mai eficiente.

Situațiile în care Constelațiile se dovedesc deosebit de utile sunt, de exemplu, cele care au legătură cu boli precum cancerul sau anorexia, cu problemele legate de o adopție sau de un viol... există nenumărate situații. Am fost în închisori și am lucrat cu criminali celebri. M-am ocupat și de probleme de cuplu. O Constelație poate să evite o despărțire... dar și să o provoace. Cel care vrea să plece urmează poate inconștient destinul unui membru al familiei, care, pe vremuri, a fost obligat să părăsească o ființă iubită. Și cel care rămâne o face poate din loialitate față de un străbun care și-a abandonat cu lașitate familia.

*Ziceați că vin la dumneavoastră pacienți cu boli grave. Parcă spuneați că nu vindecarea e scopul unei Constelații...*

B.H.: Se întâmplă ca boala să corespundă unei dorințe de ispășire. Îmi amintesc de un pacient care se identificase cu bunicul său – acesta dăduse peste un copil cu mașina, omorându-l. Boala îi permitea tânărului bărbat să asimileze suferința culpabilizată a bunicului. Renunțând la această culpabilitate, sănătatea sa s-a ameliorat. Dar, atenție, nu sunt medic și subliniez încă o dată: într-adevăr, vindecarea nu este unul dintre scopurile Constelației. Munca mea constă înainte de toate în a reechilibra forțele sau curentele – numiți-le cum vreți – care se manifestă în sânul unei familii.

*În unele terapii, în special în cele transgeneraţionale, se vorbeşte despre iertare. Pentru dumneavoastră este o noţiune importantă?*

B.H.: Când cineva iartă, se pune „deasupra celorlalţi". În fapt, iertarea îl face pe „prezumtivul vinovat" încă şi mai vinovat. Pentru mine, reconcilierea reală se bazează pe o recunoaştere a „greşelilor" fiecăruia şi este însoţită de un dialog între persoanele respective.

*Chiar dacă persoana în cauză a trăit cu multe generaţii înaintea noastră?*

B.H.: Absolut. Constelaţia are şi acest scop. Să restabilească o comunicare dincolo de timp. Dacă însă nu se bazează pe iubire, aceste terapii să ştiţi că nu sunt nimic altceva decât nişte tehnici care devin banale. Iubirea la care mă refer nu are nimic de-a face cu cea a unui bărbat pentru femeie – sau a unui părinte pentru copil. Ce *acţionează* cu adevărat în Constelaţie? Această percepţie – care îmi permite să sesizez intuitiv esenţialul despre persoana observată – nu este numai receptivă. Ea creează, în plus, o forţă care acţionează în mod vizibil. După părerea mea, iubirea este cea care asigură funcţionarea procesului. Numai ea poate să ajute persoanele care şi-au încetat dezvoltarea să îşi accepte destinul şi familia. Bineînţeles, intimitatea care se naşte din această formă de percepţie nu este posibilă decât dacă există şi o anumită distanţă. Iubirea adevărată presupune o anumită distanţă, fiindcă ea nu e fuziune, ci respect şi ascultare atentă.

*Aţi spune că, în acest caz, este vorba despre o atitudine spirituală?*

B.H.: Noţiunea de spiritualitate este întotdeauna dificil de elucidat. Graţie acestei terapii transgeneraţionale, ne putem schimba viziunea asupra lumii, deschizându-ne într-adevăr în fața unei forme de cunoaștere spirituală. Din punct de vedere fenomenologic, este important să ne acceptăm viața și destinul așa cum se prezintă ele. Ne armonizăm, nu opunem rezistență și dobândim astfel forța interioară care ne permite să ne păstrăm seninătatea, chiar și în urma unor presiuni dintre cele mai violente. Când lucrăm asupra legăturilor subtile pe care le întreținem cu descendența noastră, indiferent că este vorba despre terapeut sau pacient, descifrăm în mod mult mai clar imensa aventură a vieții.

*Probabil că mulți terapeuți sunt șocați să vă audă vorbind despre o muncă „de la suflet la suflet" – văzând aici reminiscențe din trecutul dumneavoastră de preot. La ce folosește să vă asumați riscul de a-i șoca și de a vă închide în fața lor?*

B.H.: La un moment dat, am simțit că rolul meu nu se mai regăsea în viața sacerdotală și în preoție. Dar nu regret nimic din trecutul meu și rămân foarte atent și respectuos față de biserica mea de origine. Chiar și pierzându-mi credința, situația cred că ar fi fost aceeași. Înțeleg foarte bine gestul lui Martin Heidegger, despre care se spune că nu înceta să-și afunde mâna în agheasmă, să-și facă semnul crucii și să îngenuncheze când intra într-o biserică, deși își pierduse credința. După părerea mea, făcea acest lucru din respect pentru străbunii săi.

Cât despre „suflet", e un cuvânt care atinge tot ce se găsește mai profund în noi. Este un nivel misterios, a cărui profunzime mi-e cu neputință să pretind că o cunosc. Cert este că, la un anumit nivel, nu suntem separați ca indivizi, avem un fond comun. Fără îndoială că la acest nivel are loc o comunicare

„de la suflet la suflet"... Sufletul depăşeşte cu mult individul. Nu am un punct de vedere ideologic asupra acestei chestiuni. Este un fenomen pe care îl constat.

*Vă situaţi dincolo de morală...*

B.H.: A aborda o Constelaţie pornind de la prejudecăţi morale zădărniceşte orice efort. Chiar şi în cazul crimei, problema nu se va judeca în termeni de bine sau de rău, ci se va încerca o clarificare a contextului în care s-a produs crima. Aş putea să vă dau exemplul unei relaţii incestuoase care, pusă în Constelaţie, i-a permis femeii care fusese victimă să accepte că îndeplinise o funcţie de înlocuire a mamei sale şi că, indiferent de ceea ce se întâmplase, ea continua să-şi iubească părinţii. Trecând, fără resentiment, prin diferitele schimburi de rol, ea s-a putut elibera astfel de legăturile incestuoase care o alienau şi a reuşit să-şi lase părinţii în pace. Din rău poate apărea binele. Astfel, dacă un copil se naşte în urma unui viol, acest copil va fi obligat să-şi accepte tatăl, dar şi faptul că nu are un alt tată – iar mama acestui copil va trebui, la un anumit nivel, *să-l iubească* pe bărbatul care a violat-o, adică să-l respecte în el pe tatăl copilului. Dacă nu ar face acest lucru, ea ar nega ceva esenţial în fiinţa propriului copil, în detrimentul acestuia şi al descendenţei sale. Nu se pune problema aici să fie îndrăgostită de violatorul său, ci să conjuge verbul „a iubi" la nivelul său superior, în care iubirea corespunde unei forţe, superioară tuturor celorlalte lucruri. Greşeala violatorului nu este ştearsă cu totul, ci se regăseşte replasată într-un context mai amplu.

*Care este finalitatea procesului de integrare? Îi lăsaţi să-şi continue drumul pe pacienţii care nu au putut spune nimic despre ceea ce s-a întâmplat în timpul propriei şedinţe de Constelaţie?*

B.H.: În primul rând, trebuie să menționez că, într-un anumit stadiu al evoluției personale, sunt oameni care preferă să continue o suferință cu care sunt familiarizați decât să-și asume riscul unei deschideri către o fericire necunoscută. Când suferim vreme îndelungată pentru un motiv neîntemeiat, sfârșim prin a ne spune că poate acesta nu este totuși atât de neîntemeiat... în loc să înțelegem că a venit vremea marii schimbări! Acestea fiind spuse, de foarte multe ori, când o Constelație este întreruptă înainte de a se încheia – fiind blocată într-un anumit punct, în care eu hotărăsc să-i pun capăt, sau pentru că pacientul al cărui caz îl „constelăm" se supără și pleacă –, constat că, după câteva ore sau zile, persoana mă contactează pentru a-mi semnala că în interiorul ei se petrece ceva profund, cu efecte diverse. În acest caz, Constelația a servit ca element care a declanșat un proces inconștient de lungă durată, extrem de util. Ideea este să știi dacă sufletul va fi implicat și dacă ești gata să lași în urmă beneficiile secundare ale suferinței. Asta poate fi uneori extrem de dificil.

*Când ajungem astfel la sfârșitul unei Constelații și când, în sfârșit, combinația potrivită a fost găsită și s-a instalat o stare de liniște generală, se întâmplă să cereți pacientului, adică subiectului a cărui situație și a cărui familie sunt reprezentate pe scenă, să-și părăsească scaunul de „spectator" pentru a veni să ia locul „dublurii" care îl reprezenta...*

B.H.: Da, pentru a primi întrucâtva binecuvântarea strămoșilor săi. În acel moment, această persoană trece printr-o formidabilă regenerare! Dar este posibil, de asemenea, ca persoana să nu poată primi acest cadou – este fie prea puternic, fie prea devreme pentru ea. Nu o putem forța să se folosească, pe loc, de această fereastră a oportunităţii pe care Constelaţia a deschis-o în câmpul posibilităţilor de care dispune.

*Acest lucru nu se întâmplă tocmai pentru a marca faptul că ordinea „normală", sau „cronologică", sau „ancestrală" a fost regăsită sau că ţineţi foarte mult, aşa cum se spune, ca cei mai bătrâni să-şi binecuvânteze descendenţii la sfârşitul Constelaţiei?*

B.H.: Ba da. Când un copil se înclină în faţa tatălui său şi acesta îi dă binecuvântarea, cei doi intră reintră într-un curs firesc al vieţii şi i se supun. Gestul tatălui care îşi binecuvântează fiul merge mult mai departe decât simpla lor relaţie interpersonală: de fapt, toţi străbunii din partea tatălui îl recunosc pe fiu. Tatăl nu are, în realitate, decât rolul de intermediar. Nu neg că este vorba în acest caz despre un act religios, în sensul cel mai străvechi al cuvântului, care îi *uneşte* pe cei vii cu cei morţi printr-un curent de conştiinţă şi de iubire. Astfel, se poate spune că această Constelaţie familială are ceva dintr-o liturghie. De aceea, este atât de important să nu o practicăm altfel decât în urma unei cunoaşteri temeinice şi cu profund respect.

# 4

# Fantome şi îngeri în ţara strămoşilor

## Întâlnire cu Didier Dumas

Primii zece ani din carieră, în care a lucrat alături de copiii psihotici, au fost considerați de referință pentru cei din jur. În calitate de psihanalist – care după studiul acupuncturii, s-a dedicat cercetărilor în şamanism – Didier Dumas urmează linia lui Françoise Dolto, cea care, de altfel, semnează şi prefaţa primei sale lucrări, *L'Ange et le Fantôme*[1]. De atunci, a publicat numeroase cărţi de referinţă, printre care se numără *La Sexualité masculine*[2], *Et l'enfant créa le père*[3] şi *La Bible et les fantômes*[4]. Utilizând îndeosebi conceptul de „fantomă", elaborat de Nicholas Abraham şi Maria Torok, Dumas explică modul în care aceasta se transmite de la o generaţie la alta, printr-o abordare extrem de riguroasă a cunoaşterii limbajului, corpului şi a rezonanţelor transgeneraţionale ale acestora. Este un domeniu de care Freud a decis să se dispenseze, lăsând deoparte până şi raportarea la bunici. Asta în vreme ce taoiştii

[1] Editura de Minuit.
[2] Editura Albin Michel.
[3] Editura Hachette-Littératures.
[4] Editura Desclée de Brouwer.

chinezi analizează un destin pe nouă generații, iar Biblia pe trei sau patru, și în condițiile în care *greșelile taților* se transmit în mod automat.

Faptul că Didier Dumas s-a servit de un întreg secol de cercetări asupra psihozei și a nevrozei, pentru a ajuta sexualitatea occidentală să devină adultă – oferind astfel o latură spirituală materialismului, care, după părerea lui, nu reușise să explice cum copilul ajunge să integreze sexualitatea și moartea – asta se datorează propriului destin, care l-a purtat pe tărâmuri ce reunesc nebunia și moartea. Pornind de la o abordare strict intuitivă și artistică, el a parcurs rapid principalele etape ale inițierii în psihanaliză, pentru a ajunge să aibă o viziune inedită. O viziune unde se reînnoadă știința cu cele mai vechi tradiții și unde rădăcina comună plăcerii[5] și compasiunii fac din orbire – produs al suferinței ancestrale – o sursă a conștiinței și a iubirii.

*Domnule Didier Dumas, ținând cont de faptul că sunteți unul dintre pionierii abordării transgeneraționale, nu sunteți frapat de proliferarea din ultimii ani a cercetărilor și a practicilor care reiau această abordare?*

Didier Dumas: Adevărata problemă este de a cunoaște nu motivul pentru care transgeneraționalul reapare astăzi în multiple locuri, ci mai degrabă de ce el dispăruse atât de abrupt din întreaga gândire occidentală. Totul se petrece ca și cum evoluția științelor și a tehnicii, care începuse deja din secolul al XVIII-lea, înflorind masiv în secolul al XIX-lea, l-a zăpăcit atât de tare pe omul modern încât acesta a uitat de sine, abandonând perspectiva potrivit căreia el însuși ar fi un mister

[5] (fr.) Jouissance.

care reuneşte sexualitatea şi străbunii. Nicio altă civilizaţie nu a uitat fiinţa omului într-o asemenea măsură. Întreaga gândire chineză, întreaga gândire amerindiană, întreaga gândire africană, întreaga gândire australiană... au o deschidere către transgeneraţional – şi fac din sexualitate una dintre bazele sănătăţii. La noi, în Europa, a fost nevoie de un secol pentru ca psihanaliza să redescopere aceste baze evidente ale funcţionării omeneşti. De ce atât de mult? Iată adevărata problemă.

*Care este legătura dintre sex şi străbuni?*

D.D.: Ne-spusul sau negânditul transgeneraţional, numit *fantomă* şi care cauzează pagube considerabile, fiind transmis descendenţilor, ascunde esenţialmente chestiuni legate de sex şi de moarte. Aşadar, este necesar să înţelegem că provenim dintr-o societate care, începând cu Revoluţia Franceză, s-a îmbolnăvit treptat din punct de vedere sexual. Reamintiţi-vă că, în timpul lui Ludovic al XIV-lea, francezii făceau încă dragoste în public sau în familie – şi că regele însuşi avea raporturi sexuale cu regina în văzul tuturor! Valul puritan face ca totul să îngheţe începând cu secolul Luminilor, bazându-se pe tezele antimasturbare ale noii medicini. Masturbarea era considerată cel mai rău dintre flageluri, ceea ce a condus la o tortură generalizată a copiilor. Puţin câte puţin, ştiinţa a început să fie luată drept Dumnezeu – înarmaţi cu ea, ne credeam stăpâni peste tot ce există, în stare să rezolvăm orice problemă şi să controlăm totul. În secolul al XIX-lea, acest obscurantism modernist se transformă într-o adevărată teroare. Corpul omenesc şi sexul ajung să fie, literalmente, torturate, la o scară nemaiîntâlnită, sub imperiul unei alianţe perverse între preoţi, medici şi mame din rândul burgheziei conservatoare, alianţă în care medicii s-au dovedit mai răi decât preoţii. Ceea ce a dat naştere – şi nu ştiu cum să subliniez mai bine acest lucru – la două patologii de masă: isteria maternă şi fetişismul taţilor – pe de-o parte, Fecioara Maria, iar pe de alta, bordelurile! În acest context, s-a născut psihanaliza lui Sigmund Freud, de a cărei dezvoltare nu putem decât să ne bucurăm, dar în legătură cu care trebuie să înţelegem foarte bine că avea ca singură referinţă antropologică „normală" o imensă boală generalizată: o umanitate scindată. Mama şi târfa! Şi, în acest haos specific Occidentului, modul în care se transmite „boala străbunilor" a fost complet dat uitării.

*Înainte de a vă întreba ce reprezintă această boală, aş avea o singură observaţie: Freud recunoscuse totuşi că un psihotic apare abia după două-trei generaţii, nu? Deci şi el a perceput ceva din dimensiunea transgeneraţională...*

D.D.: Cuvintele „bunic" şi „bunică" nu apar în cărţile lui teoretice! Asupra acestui aspect s-a aplecat doar în perioada de început a cercetărilor sale. Îl întâlnim în scrisorile către prietenul său, Fliess. Însă, după ce şi-a construit sistemul teoretic, a respins cu totul acest mod de a privi boala psihică. Ceea ce îi ţine locul, în opera sa, este conceptul de „supraeu" (sau super-ego). Freud nu era psihiatru, ci neurolog. El nu a tratat niciodată psihotici. Este unul dintre lucrurile care îl diferenţiază de Jung, care era psihiatru şi care ţinea cont de acest aspect în curele sale terapeutice. Freud a luat în considerare ipoteza transmiterii prin filiaţie a tulburărilor mentale, însă ulterior a respins categoric o astfel de posibilitate. Lou Andréas-Salomé l-a întrebat despre asta, cândva. Ce i-a răspuns Freud? „Sper să nu fie niciodată cazul să mă ocup de aşa ceva". Totuşi,

Salomé l-a pus în faţa unor cazuri clinice asemănătoare cu ceea ce i se întâmpla lui Freud însuşi.

În fiecare duminică dimineaţă, înainte de a merge să ia masa de prânz la mama sa, Freud, al cărui frate mai mic murise din cauza unei boli de stomac, suferea la rândul lui de aceste dureri îngrozitoare. Era bântuit de moartea fratelui, dar, în ciuda acestui fapt, sau tocmai din această cauză, nu voia să audă nimic în legătură cu acest lucru. Nici discipolii şi succesorii săi. Constat întotdeauna cu uimire că munca unui geniu este preluată de o mulţime de conservatori mumificaţi, care adoptă *ad litteram* ideile maestrului şi nu înţeleg nimic în afară de ce găsesc în cărţile lui. Problema este că, adeseori ajung să fetişizeze, din punct de vedere teoretic, cele mai rudimentare secţiuni ale gândirii sale! Astfel, să axezi întreaga psihanaliză pe teoria *castrării*, pentru a o aplica ulterior copilului, nu are niciun sens. Teoria descrie cum copilul se teme că tatăl îl va castra, dar ea nu are sens decât dacă acesta a fost corect informat cu privire la funcţia propriului sex. Or, majoritatea terapeuţilor nu-şi dau seama de acest lucru, întrucât o aplică până şi la fete. Este absurd să aplici la copii, fără altă formulă, nişte concepte elaborate în terapiile pentru adulţi. Teoria castrării i-a împiedicat pe foarte mulţi terapeuţi să înţeleagă că un copil nu poate să se dezvolte armonios dacă nu ştie că „provine" inclusiv din testiculele tatălui său! Dacă nimeni nu-i spune unui copil lucrul ăsta, el nu-l va vedea pe tatăl său ca pe un tată, ci ca pe un „partener al mamei". Or, vom încerca întotdeauna fie să îl seducem pe partenerul mamei, fie să îl eliminăm. Şi, în cazul în care copilul are probleme, la şcoală de exemplu, psihologul consultat are toate şansele să ajungă la următoarea concluzie: „Nicio grijă, copilul dumneavoastră suferă pur şi simplu de complexul lui Oedip". Dar nu-i va întreba niciodată pe părinţi: „Copilul dumneavoastră ştie că a ieşit din testiculele tatălui său?". Să ştiţi că de multe ori mi-am dat seama că un copil a fost salvat de un bunic un pic senil şi mai slobod la gură, care, debitând tot soiul de porcării, l-a informat indirect despre existenţa sexualităţii! Ce nu ştia Freud este că există un „psihic" familial, tot aşa cum există şi un psihic individual...

*Vreţi să spuneţi, aşadar, că abordarea transgeneraţională este mai curând junghiană decât freudiană?*

D.D.: Nu. Junghienii nu iau în calcul teoria funcţionării psyche-ului colectiv. A vorbi despre un „inconştient colectiv" fără să fi înţeles cum funcţionează conştiinţa colectivă, este ca şi cum ai construi o casă fără fundaţie. Inconştientul transgeneraţional se bazează pe structuri mentale deopotrivă individuale şi colective. Spiritul nostru se construieşte prin relaţia cu celălalt (iniţial cu mama şi cu tata). El nu apare decât în „Dualitate": prin comunicarea şi relaţionarea cu celălalt. În „Singularitate", el nu există. Metaforic vorbind, avem doi ochi, două urechi, două mâini, dar şi două creiere, ceea ce ne face să purtăm un dialog permanent cu noi înşine. A te privi cum gândeşti înseamnă a te dedubla. Mentalul nostru nu poate exista doar în „Singularitate". Şi asta e valabil chiar din primele zile de viaţă, căci, până să înveţe să vorbească, bebeluşul trăieşte deja într-un psyche comunitar care îi permite să fie, pe rând, „eu-mama", „eu-tata", „eu-sora mai mare" sau „eu-persoana care se ocupă de mine". Ulterior se edifică un psyche individual: în general, apare în jurul vârstei de trei ani – în momentul în care copilul începe să vorbească, descoperă că reprezentările sale mentale nu coincid cu cele ale mamei. El dobândeşte astfel şi facultatea de a minţi. Aşa cum arată de altfel foarte bine jurnalista Nina Canault în cartea sa *Comment paye-t-on les fautes de ses ancêtres*[6] – în care prezintă un întreg evantai de cercetări în ştiinţe psihologice şi sociale – pornind de la acest aspect, abordarea transgeneraţională permite rezolvarea vechii polemici dintre Freud şi Jung. Voi spune pe scurt că Freud nu putea să accepte ideea de *inconştient colectiv* propusă de Jung, în măsura în care nu definise în prealabil ideea de *conştient colectiv.* Dar aceste vechi controverse nu mai interesează acum pe nimeni. Să ne gândim doar că psihanaliza transgeneraţională se găseşte deja într-o formă incipientă în Biblie. Cum anume, am arătat în altă parte...

*Este o zonă în care v-aţi desfăşurat în ultima perioadă activitatea; vom reveni asupra acestui subiect. Ne-aţi putea explica însă, înainte, ce vreţi să spuneţi prin noţiunea de „fantomă"?*

D.D.: Lucrând cu copiii psihotici, am ajuns să mă interesez de taoism, de acupunctură şi de şamanism. Asta din cauză că, în munca mea, „întâlneşti" tot felul de morţi, de oameni apropiaţi, părinţi, prieteni sau străbuni care „au murit necorespunzător" şi care, din acest motiv, continuă să ne bântuie, într-un fel sau altul. Dorind, cu orice preţ, să se diferenţieze de religie şi adopând o poleială ştiinţifică, psihanaliza freudiană a trecut peste problema morţii. S-a concentrat, în schimb, asupra doliului. Din cauza atitudinii ştiinţifice, nu a explorat reprezentările pe care spiritul uman şi le face asupra lumii de dincolo şi nici la ce servesc acestea. Ca şi cum psihanaliza redusese moartea la o dimensiune fizică: cadavrul. Or, fiinţa umană nu poate trăi fără un sistem de reprezentare a morţii,

[6] Editura Philobia.

care, în plus, nu poate fi disociat de sexualitatea umană. Astfel, interesul faţă de morţii familiei, care nu-şi pot „continua drumul" liniştiţi, constituie un act de igienă mentală – o igienă considerată dintotdeauna extrem de importantă şi a cărei neglijare atrage consecinţe grave. E în interesul tuturor: al defunctului, dar şi al celor ce îi supravieţuiesc; întâlnim acest fenomen în toate culturile – mai puţin în a noastră, unde materialismul tinde să reducă raportul pe care îl avem cu defunctul la relaţia cu „punga de gunoi" în care îl ambalăm. Iar consecinţele acestei situaţii sunt enorme. Suntem paralizaţi de agonii şi de doliuri neîncheiate sau problematice, bântuiţi de tot felul de patologii ancestrale care, dacă ar fi să le judec prin prisma experienţei mele cu pacienţii, provoacă tulburări pe care numai energoterapeuţii par a fi capabili să le vindece. Din fericire, de câteva decenii, societatea noastră a redescoperit veghea la căpătâiul muribunzilor, iar legăturile cu străbunii şi cu fondul transgeneraţional au început să fie serios studiate plecând de la ceea ce Nicolas Abraham numeşte *fantomă*.

*Vreţi să spuneţi că suntem „bântuiţi" de strămoşii noştri care au murit fără să-şi fi putut rezolva cele mai grave probleme emoţionale şi psihice?*

D.D.: Într-adevăr, numeroase tulburări pot avea ca sursă faptul că străbunii noştri, înainte să moară, nu s-au putut elibera de traume: de suferinţe sau de iluzii. În termenii lui Nicolas Abraham, fantoma este „o patologie a inconştientului care se transmite de la inconştient la inconştient, între generaţii". Acest concept modifică în mod considerabil viziunea psihanalitică, întrucât, la Freud, inconştientul se constituie din experienţe uitate, din prima copilărie. Şi la Nicolas Abraham este vorba despre experienţe uitate, care însă poţ avea legătură cu părinţii noştri sau cu ascendenţi mai îndepărtaţi, fie şi la distanţă de mai multe generaţii.

În prezent, lucrurile sunt mai bine punctate: fantoma este întotdeauna o traumă legată de sex sau moarte – şi arareori de altceva. O traumă care se transmite generaţiilor următoare sub formă de „secret de familie". Aceste traume individuale pot fi asociate, desigur, cu traume colective, războaie, deportări etc. Personal, am trăit o experienţă bulversantă, descoperind, la Muzeul Deşertului, din apropiere de Anduze, în Cévennes, că străbunii mei protestanţi trecuseră prin echivalentul unui *shoah*, după revocarea edictului de la Nantes, când trupele de dragoni[7] i-au exterminat pe toţi cei care nu erau catolici în Franţa. Aceste masacre au fost ocultate de o altă fantomă moştenită în copilărie: fantoma Auschwitz-ului.

Această dimensiune colectivă a transmiterii traumelor nu a fost percepută nici de Freud, nici de Nicolas Abraham, chiar şi admiţând că propriile noastre structuri mentale nu sunt decât parţial individuale. De fapt, tot ceea ce Freud a numit *supraeu* ţine de psyche-ul colectiv. În teoria clinică, fantoma nu este un străbun care le face feste descendenţilor, ci o structură emoţională, familială sau colectivă care ne transmite că nu a fost cu adevărat îngropată. Foarte schematic, se poate spune că fantoma acţionează ca un „*gestalt* energetic": o „formă emoţională", familială, culturală sau socială, pe care copilul, construindu-şi propriul mental pe baza structurii mentale a părinţilor, a reprodus-o. Acest proces se derulează când copilul, nevorbind încă, beneficiază deja de un spirit [psyche] comunitar, cel al structurilor familiale în care s-a născut. Până

[7] Soldaţi din trupele de cavalerie, care luptau atât călare, cât şi pedestru. (n.tr.)

a i se transmite copilului în familie, fantoma funcţionează deja ca element al structurii familiale. Datorită acestei structuri colective, analiza transgeneraţională, combinată cu şamanismul, reuşeşte să vindece deopotrivă morţii şi viii. Părerea mea este că şamanismul remediază ceea ce lipseşte în psihanaliză. În şamanism, găsim o ştiinţă despre moarte care nu se limitează la cadavru. Tratamentul clinic acordat în privinţa străbunilor „morţi necorespunzător" este, *grosso modo*, acelaşi cu cel din taoism. În vreme ce, dacă ne referim strict la cei vii, psihanaliza transgeneraţională este singura care oferă o terapie eficientă a relaţiilor individului cu membrii familiei.

*S-ar putea spune că este vorba despre o formă sofisticată de terapie familială?*

D.D.: Nu, absolut deloc. Viziunea mea asupra transgeneraţionalului s-a format lucrând cu copii în maniera iniţiată de Françoise Dolto, care susţinea că terapia familială „reduce dimensiunea verticală la planul orizontal". Eu atât ştiu despre această terapie. Dolto făcea aluzie la terapiile sistemice, care au tendinţa să pună generaţiile pe acelaşi plan, părinţii regăsindu-se la acelaşi nivel cu copiii, terapeuţii ocupând ei înşişi poziţia superioară a părinţilor. Ceea ce ea considera a fi o catastrofă. Şi sunt întru totul de acord cu ea.

Françoise Dolto a fost unul dintre puţinele mele modele. Mi-a făcut onoarea de a-mi prefaţa prima carte. A fost cea dintâi analistă care a spus că psihoza trebuia să se reflecte pe trei generaţii. Iar perseverenţa ei în a fi purtătoarea de cuvânt a copiilor, chiar atunci când nimeni nu-i împărtăşea punctul de vedere, este exemplară. Nu era genul de persoană care să îşi piardă vremea discutând teorii. Dar nici nu se temea de discuţii. Când am întrebat-o cum a resimţit episodul violent şi pasional din istoria psihanalizei, care a condus la excluderea sa din Asociaţia Internaţională de Psihanaliză, alături de Lacan, mi-a răspuns că „structura sa debilă" a protejat-o. Şi, cum îmi explica ea serioasă acest lucru, mi-a ţinut cu ocazia asta un curs despre debilitate. Iată, deci, ce înseamnă „să fii analizat". Nu înseamnă să devii altceva decât erai. Înseamnă să dobândeşti o luciditate asupra propriei persoane, care să-ţi permită să evoluezi!

*În prezent, „cauza transgeneraţională" pare să fi fost acceptată. În fiecare săptămână apare câte o carte pe această temă, se mai ţine un curs, se mai înfiinţează o şcoală... Devine o modă chiar: aşa cum în anii '60-'70 era musai să fii lacanian, astăzi e musai să fii „transgeneraţional"!*

D.D.: În 1985, când am scos cartea *L'Ange et Le Fantôme*[8], această mişcare se afla încă în stadiu incipient. Franţa este o ţară psihanalizată în mod excesiv, iar locul strămoşilor nu este recunoscut. În prezent, rezistenţa a mai cedat, iar cărţile mele se vând. Şi nu numai ale mele! Ca să nu mai vorbim de cea mai renumită, *Aïe, mes aïeux!*[9], de Anne Ancelin Schützenberger, vândută în mai bine de două sute de mii de exemplare! Din punctul meu de vedere, Anne Ancelin – alături de Françoise Dolto, Elisabeth Kübler-Ross sau Simone Veil – se numără printre femeile care, în secolul XX, ne-au ajutat să ne schimbăm concepţia despre om şi lume. Ea a avut meritul de a rămâne mereu un spirit liber, reuşind astfel să dezvolte o puternică viziune istorică asupra lucrurilor. Nu întâmplător, una dintre

[8] Editura Philobia.

[9] Ibid.

primele sale observaţii de natură transgeneraţională a fost să-şi reamintească data precisă a unei lupte din primul război mondial, în care bunicul uneia dintre pacientele sale fusese gazat. Ea însăşi militase activ de partea rezistenţei împotriva naziştilor, în timpul celui de-al Doilea Război Mondial. Şi, totuşi, chiar dacă, în practica sa clinică, Anne Ancelin Schützenberger descoperă şi ea „fantoma" definită de Nicolas Abraham, nici ea nu reuşeşte să explice în ce fel este transmisă. Lucrând cu copiii autişti, eu cred că am reuşit să înţeleg acest proces de transmitere. Or, copiii autişti sau, mai simplu, „nebuni", ca de exemplu micuţul Pierre, pe care îl citez de nenumărate ori în cărţile mele, m-au făcut să înţeleg un lucru nemaipomenit: că însuşi complexul oedipian e un proces transgeneraţional şi nu unul individual. Fiindcă, pentru a îngriji un copil cu tulburări mentale, eşti obligat să-i întâlneşti părinţii, familia, pe toţi cei alături de care trăieşte. Aşa ne dăm seama mult mai bine cum se transmit lucrurile de la o generaţie la alta. N-a existat până acum o teorie care să explice modul de transmitere. Practica transgeneraţională ne-o oferă. O practică ce ne permite să înţelegem că transmiterea acestui psyche presupune încrucişarea a două linii descendente. Iar la baza construcţiei oedipiene se află cu precădere modul în care copilul reproduce *oedipul* celor doi părinţi...

*Asta ar explica, după părerea dumneavoastră, modul în care fantoma se transmite din generaţie în generaţie?*

D.D.: Da. Ea se transmite pornind de la o activitate mentală inconştientă, de natură empatică sau telepatică, cea care este activă în psyche-ul fătului şi al copilului mic şi pe care o numim *„activitate mentală primară"*. Psyche-ul individual începe să se formeze abia la vârsta de trei ani. Până atunci, bebeluşul trăieşte printr-un psyche comunitar, cel al familiei sale. Această activitate mentală induce un mecanism de structurare psihică numit „proces primar". *Originarul* este o dinamică mentală care ne permite să fim deopotrivă noi înşine şi celălalt. Această dinamică se află la baza *identificării*, care permite copilului să poată duplica structurile mentale ale părinţilor săi. Un copil nu învaţă să vorbească. El preia limba părinţilor, reproducându-le în acest fel activităţile mentale. Astfel, *Originarul* este procesul prin care îi integrăm psihic pe ceilalţi. Ceea ce implică o funcţionare continuă, fără de sfârşit, în care psyche-ul se construieşte ca şi corpul, integrând în permanenţă elemente din exteriorul său.

La bază, spiritul este familial şi comunitar. Iată de ce terapeutul nu poate lucra cu un copil ai cărui părinţi nu sunt de faţă, fiind periculos, aşa cum ne-a arătat Françoise Dolto, să lucreze cu un copil mai mic de şapte ani fără ambii părinţi!

*Cum anume v-au ajutat copiii autişti să înţelegeţi procesul transmiterii fantomei din generaţie în generaţie?*

D.D.: Vedeţi dumneavoastră, de îndată ce reuşim să pătrundem limbajul acestor copii psihotici, ne dăm seama că activitatea lor mentală se concentrează asupra unui singur lucru: trecutul genealogic al propriei familii, al cărei inconştient îl explorează necontenit. Ceea ce noi numim „simptome psihotice" nu sunt în realitate nimic altceva decât revenirea unor procese mentale care, la origine, sunt cele ale bebeluşului. Dacă psihanaliza s-ar fi constituit pornind de la elaborarea unei clinici medicale a copiilor şi nu a adulţilor, acest lucru ar fi fost înţeles mult mai repede. Actualmente, ea este încă dominată de opera lui Lacan, care – aşa cum am arătat în exemplul lui Willy Barral din *Françoise Dolto, c'est la parole qui fait vivre* – nu ia în considerare spiritul [psyche] copilului decât pornind de la „stadiul oglinzii", adică după optsprezece luni de viaţă. Lacan nu s-a aplecat niciodată asupra psyche-ului originar. Înaintea mea, a făcut acest lucru una dintre elevele lui, Piera Aulagnier, dar, pentru asta, a fost nevoită să-l părăsească şi să fondeze o altă şcoală. Pe scurt, Lacan, ca şi Freud, nu s-a interesat de acest rău universal pe care culturile tradiţionale îl numesc „boala străbunilor" şi care, pentru mine, a devenit de neevitat în interacţiunea cu aceşti copii tulburaţi psihic.

De exemplu, datorită lui Alice, care mi-a arătat acest lucru prin intermediul corpului său suferind, am putut înţelege ce se întâmplă cu un copil când este produsul unei *forcluziuni a* feminităţii[10], veche de trei generaţii. La paisprezece ani, Alice, care resimţea menstruaţia ca pe o rană, se deda, în şedinţele de terapie, unor scene dezlănţuite de striptease, în care se amestecau muci, sânge şi suferinţa unui sex demonizat.

Mai am şi exemplul lui Jean-Michel, unul dintre cele mai grele cazuri pe care le-am întâlnit. Avea nouăsprezece ani şi era mut ca un mormânt. Încă de la naştere, refuzase complet să-şi privească mama în ochi. Mi-au trebuit doi ani să înţeleg că refuzul său de a se întrupa în cuvânt se explica prin sinuciderea celor doi străbunici din partea mamei, în momentul în care se întorseseră acasă, la sfârşitul Primului Război Mondial. Fuseseră amândoi demobilizaţi. Reîntorşi acasă, constată că,

[10] Forcluziune – în terminologia psihanalitică, acest cuvânt desemnează absenţa luării în considerare a unui sector al realului de către procesele de simbolizare, ceea ce reprezintă un mecanism de apărare specific psihozelor. (sursa: Larousse)

pe timp de război, soţiile lor se descurcaseră foarte bine singure şi că bărbaţii nu-şi aflau locul în propriile cămine.

Un alt caz e cel al lui Claude, care m-a făcut să descopăr un lucru pe care nu l-am înţeles decât mult mai târziu, în timp ce mă ocupam cu cazuri de comă profundă, dar şi prin şamanism. Era la un moment dat o fetiţă care putea ieşi din corp. Ea a fost cea care m-a făcut să înţeleg acest lucru în momentul morţii tatălui, care trăia la distanţă de ea, în condiţiile în care mama ei ne ascunsese, amândurora, faptul că tatăl se afla într-o stare de agonie. Ca să nu mai vorbim de Pierre, un băieţel care fusese declarat psihotic, în timp ce simptomele sale proveneau din faptul că niciunul dintre părinţi nu făcea legătura dintre a face dragoste şi a avea copii.

*Cum vedeţi mai exact relaţia dintre această confuzie şi patologia copilului?*

D.D.: Construcţia mentală a copilului nu depinde de coitul în urma căruia el a apărut pe lume, ci de modul în care părinţii l-au conceput la nivel mental. Este vorba despre faptul că au visat sau au vorbit despre acest lucru, adică i-au acordat copilului, în limbajul şi în ordinea familială, un loc care îi va determina destinul şi viaţa. Aţi observat vreodată anxietatea unui copil care îşi aude părinţii povestind un eveniment care a avut loc înaintea naşterii sale: „Şi eu", întreabă apăsat micuţul, „unde eram?". Dacă părinţii îi răspund: „Tu nu erai pe lume!", copilul se întristează. Dacă îi spun însă: „Tu nu erai încă pe lume, dar erai deja în inima noastră", îşi recapătă de îndată zâmbetul. Este foarte important pentru un copil să ştie că exista deja ca dorinţă a părinţilor. Când descoperă acest lucru, are un fel de revelaţie, fiindcă îi dovedeşte că existenţa sa mentală este anterioară existenţei sale fizice – adică putem exista ca dorinţă a părinţilor noştri fără să existăm încă într-un corp, la fel cum cel mic continuă să existe pentru părinţi chiar şi în timp ce doarme.

Avem tendinţa să considerăm că uterul mamei este nu numai matricea corpului nostru, ci şi cea a structurilor noastre mentale. Din punct de vedere psihanalitic, este absolut fals: activitatea mentală cu care am venit pe lume este cea care ne determină starea de sănătate sau tulburările psihice. Într-adevăr, uterul mamei reprezintă matricea corpului uman, însă matricea structurilor psihice este ansamblul activităţilor mentale, conştiente şi inconştiente, spuse şi nespuse, vorbele, dar şi fantasmele, care au făcut posibilă întâlnirea celor două celule şi formarea unui embrion. Acest lucru este valabil pentru construcţia oedipiană a copilului, dar şi pentru tot ceea ce este legat de raportul său cu viaţa şi cu moartea: fiindcă îşi poate reprezenta un timp în care exista deja potenţial, *înaintea naşterii sale*, prin dorinţa părinţilor şi prin limbaj – şi simbolic, aş spune, în testiculele tatălui –, copilul se va putea gândi, prin urmare, că poate continua să existe *după moarte*, prin limbaj. Ne putem întotdeauna adresa unui părinte mort. Trebuie să înţelegem acest lucru pentru a ne da seama în ce hău rătăcea Pierre, ai cărui părinţi nu cunoşteau niciunul ce rol au testiculele în reproducere. Când ai un tată atât de ignorant în ceea ce priveşte propriul rol în reproducere, nu te vei întrupa în corpul său mental, ci doar în cel fizic. Or, această neînţelegere a conceperii unui copil se întâlneşte frecvent în fişa clinică a copiilor psihotici.

*Acest „negândibil genealogic", care apasă precum un blestem, se regăseşte în lucrările dumneavoastră despre Biblie… Să vorbim aşadar despre conceptul de fantomă care v-a preocupat în ultimii ani!*

D.D.: Încercarea mea de a pătrunde sensul original al miturilor biblice a fost determinată de trei factori: mai întâi, interpretarea pe care Dolto a dat-o Evangheliilor; în al doilea rând, faptul că am descoperit, la Muzeul Deşertului din Cévennes, că străbunii mei creştini, despre care v-am vorbit deja, fuseseră martirizaţi; şi, în al treilea rând, lectura unei cărţi despre *Sindromul Auschtwitz-ului – Les Visions d'un rescapé*[11] – semnată de un deportat care a folosit ca pseudonim numărul cu care fusese înregistrat în lagăr: Ka. Tzetnik 135633. Pentru a încerca să scape de coşmarurile care nu-i dădeau pace, la treizeci de ani după eliberarea din lagăr, autorul, Yechiel De-Nur, a acceptat să urmeze o terapie cu LSD, în Olanda. Suferea de lucruri destul de asemănătoare cu cele care îl afectau pe tatăl meu vitreg, şi el un supravieţuitor al lagărelor naziste. Toată copilăria l-am auzit pe tatăl meu vitreg povestind despre ororile din lagăr. Iată de ce mă interesa atât de mult cartea lui Yechiel De-Nur. Autorul s-a vindecat redefinindu-şi concepţia despre lume pe care o avea din copilărie, ca urmare a lecturii Genezei. Şi cum LSD-ul i-a oferit o viziune a Genezei complet diferită de cea pe care i-o insuflaseră rabinii, era logic ca eu să mă cufund în această mitologie. Pe scurt, primul lucru pe care l-am descoperit aici a fost că nu numai întreaga psihanaliză contemporană era deja înscrisă în mitologia Genezei, ci şi faptul că Biblia, „Cartea Cărţilor", este mai ales o lucrare de teorie transgeneraţională, cu nimic mai prejos decât cercetările cele mai recente din domeniu. Dumnezeu este definit aici ca fiind instanţa responsabilă de faptul că

[11] Editura Hachette.

greşelile părinţilor se transmit mai departe la trei sau patru generaţii. Or, asta găsim şi în practica clinică: pentru a îngriji un copil psihotic, trebuie să ajungem în urmă cu trei generaţii, uneori patru, ca în cazul lui Jean-Michel, un autist de nouăsprezece ani, ale cărui tulburări îşi aveau originea în urmă cu patru generaţii.

Faptul că transmiterea vieţii este guvernată de un ciclu alcătuit din trei generaţii succesive ţine de dimensiunea antropologică universală. De acest ciclu este vorba în întrebarea pe care Sfinxul i-o pune lui Oedip: „Care este animalul care dimineaţa umblă în patru picioare, la prânz în două şi seara în trei?". La care Oedip răspunde: „Omul"[12]. El nu are nicio dificultate în a găsi răspunsul, căci povestea sa nu are legătură numai cu piciorul, ci este o poveste a picioarelor înscrisă în propria genealogie paternă: Oedip înseamnă „picior umflat". Tatăl său se numeşte „stângaciul", iar bunicul „şchiopul". Acest ciclu se regăseşte în toate culturile, fiind cel al identificării: pentru a se putea dezvolta, copilul trebuie mai întâi să se identifice cu cel care merge în patru labe, mai precis, cu el însuşi, cu „eul" şi cu numele său, în jurul cărora îşi construieşte propriile structuri mentale. Apoi, pentru a integra sexualitatea, trebuie să se identifice cu cei care merg în două picioare, respectiv cu părinţii, şi pentru a înţelege moartea, cu cei care umblă în trei picioare – bunicii.

Biblia este cartea care pune bazele patriarhatului şi în care rolul patriarhilor este acela de a transmite, nealterat, Suflul divin care i-a fost încredinţat lui Adam. Şi cum acest Suflu este chiar cuvântul, greşeala sau păcatul sunt prezentate aici

---

[12] Metaforă care se referă la faptul că, în copilărie („dimineaţa"), omul merge de-a buşilea, folosindu-se de mâini şi de picioare, la maturitate („amiază"), merge în două picioare, iar la bătrâneţe („seara"), se sprijină în baston. (n.tr.)

ca obstrucționare a vorbirii, o absență a cuvântului care se transmite aidoma unei fantome, urmașii lui Cain oferind un prim exemplu. Această abordare face din Geneză o poveste cu totul diferită de cea pe care ne-o prezintă clerul. Adam are mai întâi doi fii, Cain și Abel. Or, cum el nu i-a conceput în felul în care Dumnezeu îl concepuse pe el, adică în cuvânt și în nume, fiul cel mare al lui Adam, Cain, a pervertit transmiterea Suflului divin. Cain nu numai că se dovedește incapabil de a ști să-i vorbească fratelui său, dar substituie cuvântului un act în care permite corpului să prevaleze asupra spiritului: îl ucide. Așadar, nu Eva este cea care întrupează figura bolnavului mintal isteric responsabil de păcatul originar, așa cum ne-a împuiat capul Biserica, ci Cain. Aidoma femeilor isterice, Cain este bântuit de identificările sale materne. În lipsa tatălui, el își caută un tată în Dumnezeu. Dar pentru că acesta a preferat ofranda lui Abel, și nu pe a lui, Cain își ucide fratele. Ceea ce sugerează că Dumnezeu nu poate să-l înlocuiască pe tată, ba, mai mult, face din Cain strămoșul fundamentaliștilor. Și ce soartă le rezervă Biblia fundamentaliștilor? Confruntat cu nebunia lui Cain, Dumnezeu nu îl condamnă la moarte. Nu poate face acest lucru: prin sufletele lor, ființele pe care el le-a creat sunt nemuritoare. Îl condamnă așadar să trăiască etern... în chip de fantomă. De aceea textul se continuă prin descendența lui Cain, în care *fantoma fratricidului* reapare, la a șaptea generație, prin revenirea numelui străbunului ucigaș. Descendentul său, Lameh, aduce atunci pe lume un copil. Numindu-l însă Toubal-Cain, acesta începe să delireze, crezând că el însuși a comis crima străbunului său. Astfel – aflăm din text – *păcatul* lui Cain (incapacitatea de a ști să-i vorbească fratelui său) s-a transmis, amplificându-se în succesiunea generațiilor, rezultând astfel o umanitate construită din „pământeni", adică din indivizi ce îşi vor fi dezvoltat corpul în detrimentul spiritului. Ceea ce Dumnezeu va încerca să remedieze declanşând potopul.

Abel, în schimb, întruchipează însuşi tipul descendentului sacrificat. El întruchipează arhetipul schizofrenicului care nu a fost conceput în mod planificat şi nici la nivel de cuvinte. În ebraică, Abel este un cuvânt cu două semnificaţii: „nimicul" şi „aburul". Aşadar, Abel, fiind aburul, nu reprezintă nimic în limbaj. Iată ce spun despre el Scripturile: „Eva îl mai aduse pe lume pe Nimic (Abel)". Cain îl ucide deci pe fratele său sub influenţa propriilor identificări materne. Eva a conceput acest copil dintr-un automatism animalic lipsit de gândire. Ea l-a născut pe Nimic. Aşadar, gestul lui Cain nu este decât o continuare a ceea ce înfăptuise mama sa: el elimină acest Nimic! Adam, înţelegând greşeala pe care a comis-o cu primii doi fii ai săi, o repară. Astfel că îl concepe pe Seth, al treilea copil, la fel cum Dumnezeu îl concepuse pe el, în suflu şi în nume. Lui Seth îi revine aşadar sarcina de a transmite Suflul divin. Ceea ce nu va fi îndeplinit fără dificultate. Căci, dacă Adam a înţeles raţiunile acestor drame, Eva, la rândul ei, nu le-a înţeles. Ea îl concepe deci pe Seth pentru a-l înlocui pe fiul său mort, Abel. Astfel, *Fantoma fratricidului* provocată de Cain se va transmite, prin intermediul femeilor, în descendenţa lui Seth, până la Abraham şi urmaşii lui. Patriarhii vor întrupa, în acest fel, o descendenţă model. Ei vor eradica fantoma lui Cain, manieră prin care vor rezova, la fiecare generaţie, o rivalitate fraternă. Asigurând astfel transmiterea corespunzătoare a Suflului divin, aveau să le fie de ajuns *trei sau patru generaţii* pentru a da naştere unui geniu, Iosif, care, după ce a dat Egiptului structurile sale socio-politice şi îi va fi iertat pe fraţii săi pentru faptul că îl vânduseră ca sclav beduinilor, va fonda cele douăsprezece triburi ale lui Israel...

Tot ceea ce psihanaliza transgenerațională a descoperit mii de ani mai târziu era deci înscris deja în Scripturi. Ceea ce bulversează total viziunea pe care ne-o transmite Biserica. Astfel, am descoperit cu stupefacție că, în „sacrificiul lui Isaac", în care vocea divină cere fondatorului monoteismului să i-l sacrifice pe fiul său, nu credința lui Abraham este cea pusă la încercare, așa cum se spune. Textul ne spune cum Abraham este „cel iubit" de Dumnezeu Tatăl. Credința sa nu lasă loc de îndoială: este un „nebun întru Domnul". El dovedește de altfel acest lucru, acceptând să-și sacrifice fiul, într-o supunere totală. Dumnezeu îi pune la încercare capacitatea de a fi tată, conform modelului biblic, obligându-l să se opună mamei narcisice și posesive în care se transformase Sara. Căci aceasta și-a alungat în deșert fiul cel mare, Ismael, și pe mama sa, Agar, unde ar fi murit dacă nu ar fi fost salvați printr-un miracol divin. Întrucât și-a lăsat soția să hotărască în locul său cu privire la soarta propriilor fii, Abraham nu poate fi deci tatăl patriarhilor. Încercarea pe care i-o impune Dumnezeu are așadar rolul de a-l învăța să nu se comporte el însuși ca o mamă – care refuză să admită că propriul său copil este, ca orice ființă vie, supus morții și că el îi aparține, în ultimă instanță, lui Dumnezeu și nu părinților săi.

*Să trimitem din nou cititorii la cartea „La Bible et ses fantômes", unde analizați într-o manieră surprinzătoare primele unsprezece din cele cincizeci de capitole ale Genezei și vă aplecați pentru un moment asupra povestirii despre turnul lui Babel și fiii lui Noe, propunând o teorie foarte originală despre constituirea claselor sociale. Acum, în cadrul acestei convorbiri, am dori să putem face o legătură între dimensiunea transgeneraţională a spiritului şi o altă axă foarte importantă a cercetărilor dumneavoastră: şamanismul...*

D.D.: Concepţia şamanică asupra lumii constituie un fundament antropologic universal, care se află la baza tuturor religiilor. În Biblie, această moştenire se regăseşte, de exemplu, în fluviul cu patru braţe al Grădinii Edenului, care simbolizează cele Patru Puncte Cardinale ale şamanismului. Sau în şarpele care o iniţiază pe Eva în sexualitate şi care posedă toate caracteristicile Animalelor de Putere. O regăsim însă şi în numerologia din Scripturi. Religiile inspirate din monoteismul Vechiului Testament au renegat toate, mai mult sau mai puţin radical, această dimensiune a propriei origini. Şamanismul, însă, are avantajul de-a o fi păstrat. Găsim aici, între altele, o ştiinţă a morţii, a fantomei şi a „bolii străbunilor", ştiinţă care, deşi ocupă un loc central în mitologia descendenţilor din Adam şi Eva, cu timpul, s-a pierdut. La şamani, morţii care nu au putut, din diferite motive, să ajungă la porţile faimoasei „Lumini", rămân prizonieri ai propriilor angoase sau iluzii terestre. Unii, pentru că au plecat din această lume fără să-şi fi încheiat toate socotelile, alţii întrucât nici măcar nu şi-au dat seama că muriseră, căci în timpul vieţii, nici ei şi nici cei dragi lor nu s-au împăcat cu ideea morţii. Când cineva moare fără ca procesul doliului să-l fi ajutat în a se alătura Luminii, se formează atunci, între mort şi cei vii, această „entitate relaţională" numită fantomă, care le permite amândurora să-şi continue existenţa împreună, în mod iluzoriu. Însă, transmiţându-se din generaţie în generaţie, această entitate relaţională devine din ce în ce mai patogenă, deoarece ea nu aduce niciun beneficiu proiectelor celor vii, ci doar celor pe care mortul nu le-a putut duce la bun sfârşit. Actul şamanic este, la acest nivel, similar celui din psihanaliza transgeneraţională. Preocuparea pentru cei morţi apare doar atunci când cei vii îi reţin inconştient înăuntrul structurilor lor emoţionale şi doar la cerere. Diferenţa este că psihanaliştii consideră fantomele drept „elemente ale inconştientului", în timp ce, la şamani, acestea sunt suflete care, precum cel al lui Cain, nu au putut intra în Lumină şi continuă să trăiască într-un spirit [psyche] terestru şi comunitar care aparţine întregii planete.

*Experienţa pe care o aveţi în acupunctură v-a ajutat să lămuriţi aceste probleme?*

D.D.: Am studiat acupunctura, dar pentru gândirea taoistă am făcut o pasiune. Găsim aici o uimitoare alchimie sexuală: o cunoaştere a sexualităţii, fără echivalent în celelalte culturi. Taoismul a fost pentru mine o sursă importantă de studiu. N-am practicat însă niciodată acupunctura, deoarece, în Vechea China, fantoma nu era luată în primire de către acupunctori, ci de către *Maeştrii desculţi:* preoţii sau şamanii taoismului. În ritualurile de exorcizare, *Maeştrii desculţi* nu pleacă de unii singuri în călătoria spre *astral,* aşa cum fac şamanii. Ei se ocupă de întreaga familie. Şi, cu ajutorul unor adolescenţi virgini pe post de medium, îi invită pe străbunii „morţi necorespunzător" să se exprime prin propria voce. Astfel, cel exorcizat poate să îşi urmeze propria cale. *Maeştrii desculţi* au aceeaşi concepţie despre moarte ca şi şamanii.

Moartea nu este o trecere instantanee de la o stare la alta, ci un proces de lungă durată. Nu toate organele noastre mor în acelaşi timp – dacă ar fi aşa, atunci ar fi imposibil ca ele să fie prelevate în cazul transplanturilor. La fel se întâmplă şi la nivelul spiritului. Şamanii nu îl consideră ca pe o entitate unică şi indivizibilă, ci ca pe un ansamblu de diferite învelişuri sau corpuri subtile, care nu sunt toate destinate să însoţească sufletul în Lumină. După ce se va fi despărţit de corpul său fizic, defunctul trebuie să se mai despartă de cel dintâi înveliş, numit *corp eteric*. Şamanii consideră acest înveliş a fi parte din constituţia noastră psihică pe care o avem în comun cu animalele şi pe care ei spun că trebuie să le-o restituim, la momentul morţii, spre a le mulţumi că ne-au hrănit pe toată durata vieţii.

*Puteţi să ne reamintiţi care sunt, în această viziune asupra lumii, diferitele noastre corpuri subtile?*

D.D.: Aceste corpuri corespund diferitelor planuri de organizare a vieţii. În anumite tradiţii, ele sunt în număr de doisprezece. În şamanism, însă, se lucrează mai ales cu primele patru, deoarece sunt cele care ne modelează conştiinţa. Cu excepţia celui dintâi, corpul fizic, celelalte trei nu au nicio consistenţă materială. Ele nu pot deci fi sesizate cu ajutorul percepţiilor obişnuite. Un „corp" este un ansamblu de elemente de aceeaşi natură, delimitat de o frontieră. Cele patru corpuri corespund celor „patru laturi ale conştiinţei", adică primelor patru niveluri de viaţă de care depinde conştiinţa.

Cel dintâi, corpul fizic, este compus din molecule. L-am putea numi *corp molecular*. Este singurul ale cărui frontiere sunt vizibile şi, de asemenea, singurul pe care ştiinţa îl recunoaşte la acest moment. Al doilea se compune din energia numită *Suflu* în Biblie şi *Qi* în medicina chineză, care diferenţiază un corp viu de o „bucată" de carne. Secolul al XIX-lea l-a botezat *corp eteric*, deoarece era un cuvânt care la momentul acela suna ştiinţific: se mai credea şi că vidul conţine *eter*. În prezent, gândim vidul altfel – ca fiind constituit dintr-o multitudine de particule virtuale. După părerea mea, ar trebui să-l numim *corpul vidului,* întrucât lucrurile se pot mişca, se animă şi trăiesc doar dacă există vid în materie. Acupunctura, care acționează asupra acelui corp, a înțeles foarte bine principiul: semnificația ideogramei pe care chinezii o utilizează pentru a desemna un punct de acupunctură este aceea de vid, cavernă, grotă. *Corpul molecular* şi *corpul de vid* sunt învelişuri pur terestre. Ele sunt cele pe care mortul trebuie să le piardă pentru a putea pătrunde în Lumină. Urmează apoi cel de-al treilea corp, unul clasic, numit *corp astral* deoarece este un înveliş mental care îi permite posesorului, cu ajutorul gândirii, să se proiecteze până la celălalt capăt al universului – sau printre astre. El se constituie din tot ceea ce ține de ordinul reprezentării: imagini vizuale, acustice, tactile... ansamblu a tot ceea ce am memorat în decursul existenței noastre pentru a ne reprezenta lumea. Este *tselem*-ul misticii evreieşti: „veşmântul sufletului", memoria vieții terestre în care se înveşmântează mortul. Îl numim deopotrivă *corp emoțional,* deoarece este sediul afectelor şi al emoțiilor care însuflețesc raportul nostru cu ceilalți şi cu universul. Este un corp destul de asemănător cu ceea ce Françoise Dolto numea *imagine inconştientă a corpului,* respectiv memoria spațială şi temporală a afectelor şi a emoțiilor noastre. Un psihanalist ar fi aşadar tentat să-l numească *corp de reprezentare,* deoarece, la bordul său ne îmbarcăm în lumea viselor sau în Cealaltă Realitate, cea rezervată şamanilor.

*Corpul de vid* se percepe şi se exprimă prin senzații, aceste vibrații speciale. Îl resimțim, de exemplu, atunci când stăm la soare. Este legat de ceea ce eu numesc „epiderma senzațiilor", învelişul nostru energetic şi senzitiv, dar şi de toate celelalte organe senzoriale. În vreme ce *corpul de reprezentare* corespunde cu ceea ce numim de regulă „sistem de reprezentare", adică cu memoria prin care creierul interpretează şi clasifică ceea ce percep organele senzoriale. La nivelul spiritului, însă, reprezentarea nu este latura cea mai misterioasă. Cel mai surprinzător este faptul că noi putem da un sens lucrurilor şi lumii! Că viaţa noastră, ca de altfel întregul Univers, poate avea un sens. Simpla reprezentare poate fi absurdă şi delirantă. Ca şi nebunia. De unde şi al patrulea corp, cel care organizează sensul. Acest al patrulea corp, acest *corp de sens*, corespunde cu ceea ce psihanaliştii numesc construcţia subiectului sau a eului. Alţii îl numesc *corpul mental*, recunoscând că nu este vorba propriu-zis de un corp, ci mai degrabă de o structură. Este ceea ce Rudolf Steiner numeşte în opera sa Eul sau Sinele (Eul devenind Sinele atunci când se referă la o stare de ieşire din corp). În concepţia lui, e vorba despre o instanţă a cărei construcţie ar trebui să fie scopul principal al vieţii terestre. Faptul că eşti capabil să te deplasezi de unul singur, după moarte, şi nu să aştepţi, chircit într-un colţ al spiritului, să vină, cu sau fără ajutorul unui şaman, îngerii să te caute, depinde de calitatea acestei construcţii, de al patrulea corp. Dacă însă unii văd aici mai degrabă o structură decât un corp, este pentru că avem de-a face cu nivelul la care spiritul devine colectiv. Este vorba despre structura care face din noi fiinţe comunitare, corpul care ne organizează relaţiile cu ceilalţi, permiţându-ne să investim în această zonă şi să evoluăm.

Aceste corpuri se regăsesc în cele „trei comori" ale medicinei chinezeşti: *Jing*, esenţele care constituie corpul fizic, *Qi*, suflul care este textura corpului eteric, şi *Shen*, universul spiritului şi al spiritelor, care corespunde corpurilor astral şi mental. Antropozofia, taoismul şi şamanismul au aşadar concepţii despre viaţă destul de apropiate. Este valabil şi pentru modul în care abordează fantoma. Dacă este vorba de o moarte recentă, trebuie mai întâi să ajutăm pacientul să antameze un proces de separare. Dacă nu el e cel care hotărăşte să înceapă acest proces, nu se va schimba nimic! Dacă este vorba de un străbun mai îndepărtat, îl vom ghida pentru a-i permite să înţeleagă, el însuşi, despre ce e vorba. Dacă nu reuşeşte, putem facem noi acest lucru în locul lui. Însă scopul este mereu acelaşi: să permită străbunului, imobilizat în structurile terestre ale spiritului, să poată regăsi calea Luminii. Ceea ce seamănă cu un fel de psihanaliză *post mortem* a străbunului. Şamanii fac în felul lor ceea ce fac budiştii tibetani atunci când, în mod preventiv, însoţesc „călătoria sufletului" timp de patruzeci şi nouă de zile după ce acesta şi-a părăsit corpul terestru.

*Vorbiţi ca o persoană care crede cu tărie în existenţa unei alte vieţi decât cea pe care o cunoaştem în mod obişnuit, într-un „tărâm de dincolo"...*

D.D.: Felul meu de a gândi nu se bazează pe credinţe. Să crezi înseamnă să preiei ideile altuia sau pe cele ale unui grup. Însă cercetările mele se bazează pe experienţa umană. Pe ce experienţă se bazează concepţiile noastre? Este vorba de o experienţă proprie sau a altuia? Viaţa în sine este o experienţă. Dacă ne-o asumăm, înseamnă că şi credem în ea. Ştiţi cine au o credinţă în viaţă, ieşită din comun? Copiii. Iar copiii nu cred în moartea spiritului. Aşadar, copilul din mine – dar şi din cei pe care i-am analizat – nu crede în moartea spiritului. Copiii psihotici care au un acces natural la Cealaltă Realitate sunt, în privinţa asta, foarte diferiţi de restul. Faptul că ei nu ajung să se adapteze realităţii noastre este de foarte multe ori compensat prin diverse înzestrări specifice unui medium. Şi faptul că ei nu cred în moarte se datorează capacităţii multora dintre ei de a intra în contact cu morţii, asemenea şamanilor. Referitor la acest subiect, trebuie să citim ce ce se spune despre ei în ultima carte a lui Anne-Marguerite Vexiau, *Un clavier pour tout dire*[13]: „Minţim atunci când spunem că morţii nu mai există"; dimpotrivă, ar trebui „să-i stârnim pe morţi" (să ne gândim la ei) şi că dacă „îi stârnim, morţii îi pot ajuta mult pe copiii autişti".

Aşadar, din punctul meu de vedere, nici nu se pune problema să îmi pierd timpul în polemici despre existenţa Lumii de dincolo. Cercetările mele vizează realitatea experienţelor noastre mentale şi a modului în care ni se prezintă moartea. Nu avem nevoie să demonstrăm ştiinţific existenţa unei fantasme pentru a-i înţelege semnificaţia. La fel se petrec lucrurile şi atunci când studiem modul în care spiritul omenesc concepe moartea.

De fapt, reprezentările morţii apar mereu sub două înfăţişări antinomice. Pe de o parte, trebuie permanent să ne hrănim şi să respirăm. Din acest punct de vedere, ne trăim viaţa luptând cu moartea, acesta fiind totodată lucrul de care ne e cel mai teamă. Pe de altă parte, însă, aşa cum însuşi Freud a constatat în *Dincolo de principiul plăcerii*, la nivel inconştient, toată lumea se crede nemuritoare. Aşadar, când se raportează la moarte doar ca la un cadavru, medicina materialistă nu face decât să ne amplifice teama faţă de moarte. Ceea ce ne consumă o energie colosală. Şi, deşi cercetările despre moarte, agonie şi fantome încep să facă lucrurile să se mişte, am constatat următorul aspect: pe de o parte, în bogata şi luxurianta noastră

---

[13] Editura Desclée de Brouwer.

societate, suntem săraci în cuvinte şi gânduri prin care să exprimăm felul cum ne trăim moartea, atât pe a noastră, cât şi pe a celorlalţi; pe de altă parte, ştim uimitor de puţine lucruri despre psihismul uman.

*Şi în atelierele de şamanism pe care le conduceţi împreună cu Ivana Caprioli lucraţi pe tema asta?*

D.D.: Da, însă numai când este neapărat necesar. În weekendurile şi în şcolile de vară pe care le organizez împreună cu Ivana, am vrut ca prietenii mei, dar şi anumiţi pacienţi, să beneficieze de munca ei. Nici eu nu mă consider şaman. Mi se pare suficient că sunt psihanalist. Ivana, ca şi mine, a experimentat foarte mult înainte de a se dedica şamanismului. Ea a fost toxicomană şi s-a vindecat excelent cu ajutorul unui *medicine-man*[14] din tribul Lakota, Archie Fire Lame Deer[15], care nu mai este printre noi. Şamanismul pe care ea îl predă a apărut în Statele Unite în anii '70. Se diferenţiază de şamanismul tradiţional prin faptul că se practică în grup, folosind, de asemenea, ştiinţa şamanilor în scopuri de dezvoltare personală. Această ştiinţă este deopotrivă cea a *doctorilor* (vindecătorii indieni din America de Nord), cea a aşa-zişilor *curanderos* (bărbaţii-preoţi – în sensul de *curatus*: cel care se ocupă de suflete – din America de Sud), dar şi cea a şamanilor din nordul Europei, din Africa şi din Asia. La acest nivel, există tot atâtea tipuri de şamanism câte etnii şi tot atâţia şamani câţi indivizi. Însă, structura cosmologică la care toţi se referă (cele Patru

[14] *Medicine-man* sau *medicine-woman* sunt termeni din limba engleză care îi definesc pe vracii lideri spirituali din triburile amerindiene sau din alte triburi aborigene. Termenul preferat de antropologi este cel de „shaman". (n.tr.)
[15] Vezi cartea acestuia, *Le Cercle sacré*, editura Albin Michel.

Puncte Cardinale şi cele Trei Lumi, legate în centrul lor de Arborele Vieţii) este peste tot aceeaşi. Este o cale care se diferenţiază de celelalte opţiuni spirituale prin dimensiunea foarte concretă a scopului său, axat în principal pe colectarea de informaţii ce permit ameliorarea vieţii. Ceea ce implică, în primul rând, lucrul cu sine, pentru care fiecare trebuie să-şi găsească propriile instrumente şi să-şi găsească propriul drum. La acest nivel, şamanismul este o spiritualitate lipsită de dogme, al cărei unic scop este de a demonstra imposibilitatea de a atinge profunzimile spiritului altfel decât pornind de la sine însuşi. Iată de ce îl recomand celor care fac sau au făcut şedinţe de psihanaliză. Le completează sau le continuă munca, fiind, în plus, mai potrivit pentru cei care au suferit de tulburări psihotice.

Psihanaliza şi şamanismul explorează acelaşi registru mental, şi anume cel al „psyche-ului originar". Psihanaliza are acces la ea prin analiza viselor, în timp ce şamanismul o explorează prin transă sau prin călătoria astrală. El dispune totuşi de o ştiinţă mai veche decât cea a psihanalizei. Cum ar fi, de exemplu, ştiinţa asupra dimensiunii colective şi culturale a individului sau asupra practicii clinice în cazurile de străbuni „morţi necorespunzător": lucruri pe care psihanaliza a avut tendinţa să le neglijeze.

Lucrarea Ivanei Caprioli are ca temă centrală construcţia şi evoluţia omului în raport cu universul (ceea ce a fost, ceea ce este şi ceea ce trebuie să devină). Atelierele pe care le conducem împreună constau într-o suită de exerciţii construite pornind de la diferite sisteme de cunoaştere tradiţionale. În special sistemul pe care Ivana şi l-a însuşit în cadrul tribului Lakota, care se bazează pe miturile biblice referitoare la crearea omului, dar şi cel al taoiştilor care, prin acupunctură şi prin sistemul alchimist al *meridianelor minunate*, oferă o uimitoare teorie asupra energiei corporale. De exemplu, explorăm aici modul în care suntem constituiţi din cele patru elemente: Apa, Focul, Pământul şi Aerul. Sau modul în care datorăm latura noastră orizontală animalelor şi cea verticală copacilor. Ne ocupăm mai mult cu viaţa decât cu moartea, dar, dacă o persoană are nevoie, Ivana o poate ajuta să intre în contact cu un anumit mort sau străbun, cum a fost cazul uneia dintre participantele la atelierele noastre al cărei frate se sinucisese...

Moartea nu modifică mare lucru în privinţa spiritului. Ceea ce face ca sinucigaşii să rămână adeseori prizonierii motivului care i-a făcut să-şi ia viaţa. Era cazul unui bărbat care, după ce a murit, s-a închis în întuneric, refuzând orice contact cu *lumina.* Cu ajutorul Ivanei, sora lui a reuşit să-l convingă să iasă din întunericul în care se închisese, pentru a intra în Lumină. Ceea ce desigur nu demonstrează nici existenţa Lumii de dincolo, nici a vieţii de după moarte. A fost însă destul de spectaculos să vezi cât de bine se simţea acea femeie, care a ieşit total transformată din starea de boală! A fost spectaculos să vezi cât de bine se simţea acea femeie: şedinţa o transformase total!

Dacă vrem un corespondent al viziunii şamanilor şi taoiştilor faţă de străbunii morţi, la nivelul categoriilor noastre religioase iudeo-creştine, am putea spune că fratele acelei doamne se închisese „în infern". Tradiţiile ezoterice creştine îşi reprezintă infernul drept capacitatea sau obligaţia de a continua să satisfacă nevoile unui corp care nu mai există. Ceea ce înseamnă că, la ei, misterul reprezentat de imaginile noastre mentale, din timpul vieţii, se perpetuează în lumea de dincolo. În timpul vieţii, acest mister este cel al fantasmelor sexuale, al nebuniei, al halucinaţiei, însă şi cel al traumei care îşi trage seva din cel mai profund strat ale memoriei, cel al imaginilor.

Să ne amintim cum caracterizează Freud nevroza traumatică: persoana traumatizată nu mai poate produce, în visele sale, decât imagini ale traumei. În sistemul nostru mental, imaginile corespund propriei capacităţi de a crea viitorul, pornind de la experienţe deja memorate. În acest sens, trauma mentală este o blocare a memoriei, o „pană cerebrală" la nivelul producerii sau al mobilităţii imaginilor mentale. Ideea e că, într-o societate în care moartea este privită doar din punct de vedere material, devenind astfel indicibilă, ea va fi în mod automat un eveniment traumatic. Până într-acolo încât mulţi dintre morţii noştri ar rămâne astfel „agăţaţi" în ultimele imagini ale vieţii lor terestre. Ceea ce necesită redescoperirea sau actualizarea însoţirii morţilor.

*Iar aici se regăsesc toate marile tradiţii ale „rugăciunii pentru morţi" şi îndeosebi cuvintele „Cărţii tibetane a morţilor", pe care Sogyan Rinpoché a ajuns să o interpreteze atât de frumos în termeni occidentali, în a sa „Carte a vieţii şi a morţii". Reîntoarcerea (sau apariţia) unei asemenea practici în cultura occidentală ar constitui un debut revoluţionar în marea redeschidere a teatrului morţii! Există oare vreo şansă pentru ca această etapă să fie integrată la modul sistematic în practicile noastre postmoderne?*

D.D.: S-ar putea, dar cu condiţia să nu excludem copiii. Dacă vrem să ne depăşim propriile ideologii, ignoranţe, interdicţii şi practici asupra morţii şi a raportului cu străbunii, va trebui, cum bine explică Elisabeth Kübler-Ross, să-i considerăm pe copii drept învăţătorii noştri, mai ales atunci când tulburările lor mentale sunt compensate de înzestrări pe care noi nu le înţelegem sau de maladii incurabile care fac ca zilele lor să fie numărate.

În viziunea ei, copiii atinşi de o boală incurabilă primesc, un „dar": abilităţi mentale mult peste medie şi o înţelepciune spirituală în faţa morţii, la care majoritatea celor care pretind că îşi desfăşoară activitatea în acest domeniu nu are acces. Cum a fost cazul unui copil a cărui poveste ne-o relatează, într-una dintre cărţile sale, Ginette Raimbault (o psihanalistă care a lucrat în mediul spitalicesc cu acest gen de copii): când sfârşitul îi era iminent, copilul a părăsit spitalul ca să moară acasă; în taxi, a fost singurul în stare să-şi liniştească mama: „Ia nu mai plânge atâta, mamă! Îţi promit că nu voi muri în taxi! Avem tot timpul!".

# 5

# Familia ta îşi duce existenţa înăuntrul tău... stă însă în puterea ta să o alegi!

## Întâlnire cu Chantal Rialland

Chiar dacă toţi membrii familiei noastre ar dispărea, n-ar fi deloc exagerat să spunem că ei continuă să trăiască prin noi: atât sub forma calităţilor, cât şi a patologiilor pe care doar o analiză lucidă a propriului arbore genealogic are capacitatea să le dezamorseze. Autoare a bestsellerului *Cette famille qui vit en nous* şi preşedintă a Asociaţiei psihoterapeuţilor din domeniul psihogenealogiei, Chantal Rialland face parte din a doua generaţie de psihoterapeuţi care folosesc metode transgenealogice. Din punctul ei de vedere, analiza transgeneraţională nu este singura metodă demnă de a fi urmată. Dimpotrivă, ea este perfect compatibilă cu alte modalităţi, îndeosebi cu cele psihocorporale, de cunoaştere de sine şi de evoluţie către împlinire. Cei mai mulţi dintre noi am apărut pe lume în urma a cel puţin o clipă de dragoste dintre un bărbat şi o femeie. Se gândeau ei oare, în timp ce se iubeau, la câte probleme ne vor lăsa moştenire? Primul obiectiv al psihogenealogiei: conştientizarea influenţelor familiei asupra vieţii membrilor săi, *chiar dinăuntrul lor;* cu alte cuvinte, o mai bună înţelegere a propriilor rădăcini, pentru a ne putea elibera cu totul. După spusele lui Chantal Rialland, este vorba despre o metodă de analiză extrem de rapidă. „În aproximativ zece ore", spune ea, „putem identifica originea anumitor probleme dificile. Însă una este să ştii care sunt ele şi alta este să le integrezi şi să te vindeci".

Un alt aspect original al abordării sale constă în faptul că Chantal Rialland alternează şedinţele individuale de psihogenealogie cu cele de grup. Dacă primele ne ajută să ne explorăm şi să ne înţelegem genealogia, este fundamental ca, în paralel, să urmăm şi şedinţe în grup, deoarece acestea permit punerea în scenă a traumatismelor familiale şi vindecarea lor. Astfel, vom *juca* moartea bunicii de la care nu ne-am putut lua la revedere sau a străbunicului ucis în timpul războiului. Din această perspectivă, analizând şi punând în scenă propria biografie transgenealogică, cercul infernal al repetărilor se rupe de la sine. Chantal Rialland numeşte acest lucru „reconstrucţie familială": realizată, în general, prin mai multe metode (psihodramă, *gestalt,* analiză tranzacţională, terapie prin artă etc.). Astfel, terapeuta îşi încurajează pacienţii ca, în şedinţele cu alţi terapeuţi, să lucreze şi asupra corpului: „Acolo se află inconştientul", spune ea. „Prin masaje specifice, de pildă, se pot elibera energii blocate."

*Aţi fost, cândva, un psihoterapeut „clasic"... cum aţi ajuns să fiţi interesată de psihogenealogie?*

Chantal Rialland: Punctul de plecare a fost întâlnirea cu Alexandro Jodorovski. Aveam deja o experienţă de un an în psihoterapie, când, urmând sfaturile unui prieten, l-am consultat pentru a face ceea ce el numea un „tarot cu patru etaje", cu alte cuvinte, un tarot al arborelui genealogic. M-a întrebat de la început despre persoane pe care nu le adusesem niciodată în discuţie în terapia pe care o făcusem, şi anume despre bunicii şi străbunicii mei, aceşti stăpâni tăcuţi ai propriului meu destin, pe care nici măcar nu-i cunoscusem! Ştiam că familia are o înrâurire asupra noastră, dar până în acel moment încercasem să înţeleg doar legătura care mă unea cu părinţii. Or cum să încerc să înţeleg relaţia cu mama fără a evoca propria ei relaţie cu bunicul său - străbunicul meu -, decedat când avea nouăsprezece ani? Descoperirea locului pe care tatăl meu îl ocupa în genealogie, precum şi a relaţiei lui cu părinţii m-au ajutat să-mi regăsesc clanul. Bunica s-a prăpădit când aveam doi ani, aşa că am puţine amintiri despre ea...

Pe scurt, suntem cu toţii urmaşii unui întreg lanţ de străbuni, iar această conştientizare mi-a revoluţionat metoda de lucru: suferinţa, care este o moştenire transmisă din generaţie în generaţie, capătă în psihogenealogie un sens cu totul diferit. Era o adevărată provocare să pun în practică acest lucru la vremea aceea, deoarece pacienţii mei, deşi foarte dispuşi să vorbească despre ei înşişi, nu erau chiar aşa de dornici să povestească despre bunicii şi străbunicii lor. Eram însă foarte hotărâtă să integrez psihogenealogia în psihoterapia analitică clasică... Timp de trei ani, am urmat astfel cursurile lui Jodorovsky, ferm decisă să fac acest lucru.

*Psihogenealogia venea deci ca un instrument suplimentar în meseria dumneavoastră de psihoterapeut.*

C.R.: Ca psihoterapeut analitic, voiam să înţeleg fiinţa umană spre a-i uşura suferinţa. Şi pentru a ajuta o persoană în suferință, mi s-a părut important să-i înțeleg familia. La început, pacienții aveau impresia că este inutil să îmi vorbească despre familia lor. Trebuie să spun că în vremea aceea psihogenealogia se afla de-abia la începuturi. Uneori era dificil să îi fac să vorbească despre unchii și mătușile lor sau despre străbunii lor, de care era clar că nu le pasă. Și, totuși, acest lucru era indispensabil.

*Ați putea preciza ce v-a adus în plus această metodă?*

C.R.: Mi-a permis să fac progrese mai rapide cu pacienții. Le oferea acestora o nouă perspectivă asupra propriei vieți. Pacientul își revizuiește trecutul, își modifică viziunea cu privire la propria persoană și familie, încetează să mai spere imposibilul și dă un nou suflu vieții sale. Această psihoterapie ne permite să explorăm inconștientul familial.

Freud a fost cel dintâi care a explorat în mod metodic acest continent misterios care este inconștientul: această parte a ființelor și a dorințelor necunoscute pe care fiecare dintre noi o adăpostește, pe care n-o putem stăpâni în totalitate și de care suntem responsabili. Potrivit lui Carl Gustav Jung, inconștientul nu reprezintă doar partea noastră de umbră, ci și o sursă incredibilă de energie creativă. A urmat apoi Jacques Lacan, cu o nouă perspectivă psihanalitică, ce pune accentul pe „modul în care este structurat inconștientul". Dacă însă experiența interioară continuă și se structurează, asta se datorează faptului că inconștientul ne duce de nas... de nasul străbunilor! În prezent, suntem cu toții conștienți de influența majoră pe care familia o are asupra destinului nostru. Recent, în timpul unui interviu de televiziune, Aimé Jaquet, fost antrenor al echipei de fotbal a Franței, a făcut referire la cât de mult bunicul i-a influenţat viaţa. Psihogenealogia este o terapie prin care poţi înţelege rolul fundamental al străbunilor şi poţi vindeca simptomele nevrotice care decurg de aici.

*Asistăm de câţiva ani la un adevărat „boom" al genealogiei. În fiecare familie apare câte cineva interesat să-şi facă arborele genealogic. Ce părere aveţi despre acest fenomen?*

C.R.: Suntem într-o societate aflată în plină transformare. Instituţia familiei a cunoscut suişuri şi coborâşuri: refugiu pentru unii, infern pentru alţii. S-a trecut de la „familie, te detest", la „familie, te iubesc". Şi modelul clasic de familie s-a schimbat. Familii refăcute, monoparentale, de homosexuali – codurile şi riturile nu mai sunt aceleaşi. Acest lucru a condus la dorinţa fiecărui membru de a-şi cunoaşte istoria, filiaţia şi rădăcinile. Într-o societate în mişcare, unde ne pierdem reperele, vrem să ne găsim rădăcinile şi locul în sânul unei genealogii. Pe scurt, ne căutăm identitatea. Acest interes se regăseşte în psihoterapie. Până acum, existau terapii pentru copii, adolescenţi, cuplu... Astăzi, în terapie, se lucrează cu angoasele transgeneraţionale.

*Este vorba despre o reacţie la o anumită suferinţă?*

C.R.: Este mai mult o reacţie la evoluţia societăţii. Într-o lume supusă la tot felul de mode şi de mişcări de identificare, avem nevoie să ştim cine suntem. Iar trecutul nostru face parte integrantă din noi.

*Pentru a evita orice confuzie între psihogenealogie, terapia transgeneraţională şi genealogie, care pasionează sute de mii de persoane în Franţa, puteţi să ne explicaţi diferenţa?*

C.R.: Cei care sunt pasionați de genealogie nutresc visul de a se întoarce în timp, pe firul arborelui genealogic, până la Adam, sau de a identifica și grupa descendenții unui singur străbun. E de ajuns ca cineva să fie sedus de fantasma „unchiului bogat din America", altfel spus, de visul nebun de a descoperi vreun străbun uitat și fără urmași, care a făcut avere, pentru a începe să studieze un șir întreg de generații precedente.

Pentru a obține informații cât mai complete și pentru a intra în dialog cu rude îndepărtate, demersurile sunt lungi: cópii ale actelor atestând nașterile, acte de succesiune etc. În demersurile genealogice, retrasarea istoriei familiale presupune culegerea de date concrete: prenume, profesiuni, regiuni etc. Psihogenealogia, la rândul ei, folosește aceste cercetări genealogice într-un mod diferit. Se întreprinde o adevărată anchetă pentru a descoperi faptele marcante din viața străbunilor, fapte care intră în rezonanță cu problemele pe care pacientul le întâmpină în mod sistematic. Puțini sunt cei care reușesc să se întoarcă în timp până la opt generații de străbuni... dar asta se întâmplă frecvent în genealogie. În plus, oricât de bizar ar putea părea acest lucru, frații și surorile dintr-o familie, chiar dacă au aceeași genealogie, nu e obligatoriu să aibă aceeași psihogenealogie. De exemplu, impactul asupra psihogenealogiei diferă în funcție de sexul copilului sau de ordinea nașterii.

*Cum funcționează, în psihogenealogie, mecanismele de proiecție?*

C.R.: Termenul de proiecție este un concept-cheie. Copiii aceleiași familii nu fac obiectul unor proiecții similare din partea părinților. Am avut ocazia să lucrez cu o familie care avea cinci fete. Între cea mai mare, care avusese şansa de a-l avea pe tatăl său lângă ea până la vârsta de nouăsprezece ani, şi cea din urmă, care îl pierduse la vârsta de cinci ani, psihogenealogia era total diferită. Chiar dacă fiecare dintre noi avem o istorie specifică, există un punct comun: din primul moment când suntem concepuţi, părinţii se aşteaptă, în mod inconştient, să le dăm un sens vieţii. Cu alte cuvinte, copilul este învestit cu suma fantasmelor părinţilor, precum şi ale bunicilor, unchilor şi mătuşilor. Familia va proiecta asupra copilului dorinţe de ordin corporal, sexual, afectiv, intelectual... Proiecţia acţionează, bineînţeles, în mod inconştient: copilul este însărcinat mai întâi să ducă la bun sfârşit visele pierdute, i se cere să reuşească acolo unde alţii au eşuat sau să perpetueze modelele pozitive.

*Cât de mult ne influenţează cu adevărat aceste proiecţii?*

C.R.: Între dorinţa de artist refulat a tatălui sau cea de director general a mamei, marja este adesea îngustă. Un mare număr de adulţi descoperă ulterior, în terapie, cât au fost ei de fideli proiecţiilor propriilor părinţi. Ştiţi, indiferent că am fost doriţi sau nu, suntem mai întâi copii imaginari. Pornind de aici, scenariile pot fi numeroase. În anumite familii, intelectul este valorizat; de altfel, bunicul a fost învăţător, tatăl este profesor, visând ca, dumneavoastră, fiul, să fiţi absolventul unei şcoli de prestigiu. În altele, filiaţia este artistică. Alt model pe care îl întâlnim în mod curent este banul, considerat element de reuşită socială. Câteodată, proiecţiile sunt simple: să fii frumoasă ca mama sau blândă ca bunica. În toate cazurile însă, presiunea acestor proiecţii este apăsătoare. La momentul naşterii, proiecţiile se concretizează. Când apare copilul, fiecare își dă cu părerea și are o perspectivă asupra lucrurilor prin fraze de genul: „Ia te uită, are ochii tatălui, urechile bunicului" etc. Și i se dă copilului un prenume, suport al proiecțiilor familiale.

*Așadar, a priori, corpul nostru este oarecum psihogenealogic!*

C.R.: Exact. Familia se recunoaște prin corpul copilului, atribuindu-și bucățele din el. Pânza familială se reface în jurul corpului copilului. Însă „corpul psihogenealogic" ne va influența evoluția într-un mod mai mult sau mai puțin pozitiv. Cu alte cuvinte, nu vrem neapărat să semănăm cu mătușa, care, pe de-o parte se va dovedi antipatică, iar, pe de alta, va fi foarte credincioasă, în vreme ce noi nu ne dorim o viață monahală. Proiecțiile acționează în multe feluri și terenul corpului psihogenealogic este unul foarte interesant. Fraze de tipul „să nu te îngrași ca bunica", atât de des întâlnite și aparent inofensive, pot duce la simptome grave. Căci, pentru a se conforma dorinței părinților, copilul se va identifica cu toate proiecțiile lor, cu riscul de a crea un dezechilibru între propriul corp și psihic.

Sexul joacă un rol în mod evident considerabil în amprenta acestui corp psihogenealogic. Pentru majoritatea părinților noștri, a avea un băiat sau o fată nu este nici pe departe același lucru – și invers! Să te naști fată în condițiile în care ei așteptau un băiat va duce de multe ori la consecințe complicate. Este valabil și în cazul unui băiat...

*Cum acționează aceste proiecții? Sunt ele neapărat traumatizante?*

C.R.: De cele mai multe ori, acționează prin intermediul cuvintelor. Este cazul etichetelor apelativelor cu care părinții îşi tot alintă copiii, de exemplu „gărgăriţa mea" sau „gogoşica mea". Aceste cuvinte, care au însoţit probabil copilăria părinţilor, vor influenţa viaţa afectivă, intelectuală, sexuală şi corporală a copilului. Odată adulţi, unii dintre ei acţionează tot în virtutea fidelităţii faţă aceste etichete şi nu fac decât să le repete cu propriii copii. Unul dintre rolurile psihogenealogiei este de a-i ajuta pe părinţi să se sustragă tentaţiei de a fi atotputernici şi să-şi repereze motivaţiile inconştiente care îi împing să-şi transforme copilul într-un instrument al propriei fericiri.

Constatăm că jocurile de proiecţie devin tot mai complexe odată cu succesiunea naşterilor. Cea mai mare este inteligentă, mezina este frumoasă etc. Părinţii nu-şi dau seama de acest lucru, dar este ceva foarte dureros în comparaţiile pe care le fac între fraţi şi surori. Iar efectele perverse sunt mai grave decât ar putea părea. La patruzeci de ani, „intelectuala" se crede tot urâtă, iar „frumoasa" se simte proastă şi preferă să tacă. Copilul se identifică cu aceste proiecţii, încercând să respecte natura specială a legăturii cu genitorii săi. Rezultatul: lipsă de încredere în sine, lipsă de încredere în viaţă şi incapacitatea de a-şi găsi locul. Când eşti comparat, înseamnă că nu ai un loc al tău.

*Ar exista deci un fenomen al repetării, părinţii acţionând la fel cum s-au comportat cu ei propriii părinţi?*

C.R.: Fiecare părinte retrăieşte în mod inconştient ceva din propria istorie, în funcţie de sexul copilului şi de locul său între fraţi. Acest joc al preferinţelor rezonează cu propriile suferinţe, resimţite în copilărie, când, la rândul său, îndura preferinţele propriilor părinţi. Repetarea se produce la nivel inconştient: prin intermediul copilului, părintele îşi reactivează narcisismul originar, mai exact raportul pe care l-au avut cu ei înşişi şi cu lumea în perioada de început a vieţii.

*Asta înseamnă că, inconştient, părinţii îşi cresc copiii astfel încât să le semene?*

C.R.: Gândirea umană se construieşte pe baza identificării şi toate încercările de mimetism se dovedesc a avea rol de structurare. Când suntem mici, avem nevoie să ne imităm anturajul. Astfel, copilul proprietarului unui magazin se va juca de-a vânzătorul cu părinţii săi. Cu mama, la bucătărie, învaţă să facă dulceţuri şi să dea cu mătura. Evident, odată ce copilul creşte şi este în măsură să facă propriile alegeri, părinţii lucizi vor renunţa la copilul imaginar, lăsându-şi fiul sau fiica să-şi aleagă calea după propriile sale aspiraţii. De fapt, în majoritatea cazurilor, părinţii nu sunt conştienţi de propriile identificări şi de modelele pe care le transmit. Îmi amintesc de o pacientă care lua contraceptive, refuzând totodată să aibă raporturi sexuale, din teama de a nu rămâne însărcinată. Abordarea psihogenealogică mi-a permis să stabilesc că, de cinci generaţii, primele născute din familie aveau copii în afara căsătoriei. Se căsătoreau în grabă, pentru a scăpa de ruşine, iar căsniciile erau una mai catastrofală decât alta. Inconştientul familial le făcea să se identifice cu această angoasă.

*Copiii se identifică cu bunicii în mod similar?*

C.R.: Nu, identificările sunt foarte diferite în sânul aceleiaşi familii. Îmi reamintesc de cazul Elenei, bunica Elodiei şi a Isabelei... Era percepută foarte diferit de către cele două nepoate. Pentru cea dintâi, bunica era exemplară, deopotrivă complice şi binevoitoare. Pentru cea de-a doua, aceeaşi bunică era percepută ca fiind dură şi indiferentă. Or Elodia era fiica fiului Elenei, în timp ce Isabela era fiica fiicei sale. Psihogenealogia a scos la iveală faptul că, în istoria familială a acestei bunici, descendenţa fiilor era favorizată. Revizitarea trecutului familial ne permite să ne schimbăm modul în care îl privim, să nu mai cerem imposibilul şi să ne asumăm propria viaţă.

*În ceea ce îi priveşte pe bunici, evoluţia societăţii le-a dat un loc diferit, mai puţin puternic, dar mai bine integrat în sânul familiei... Ce consecinţe a avut acest lucru?*

C.R.: Este adevărat că persoanele în vârstă nu mai sunt văduvele sau văduvii de altădată, de cele mai multe ori, singuri şi îmbrăcaţi tot timpul în negru. Familia nu se mai întemeiază pe sentimentul datoriei, ci pe cel de iubire. S-a terminat cu vechiul model, inclusiv cu cel al bunicelor atotştiutoare şi care îşi impuneau punctul de vedere. Integraţi mai bine în societate, bunicii ştiu să rămână tineri. Rolul lor specific se diferenţiază de cel al părinţilor. Eliberaţi de problemele familiale cotidiene, ei sunt mai disponibili... Ceea ce le permite să ofere copiilor o mie şi una de atenţii, precum complicitate, reconfortare, dialog, răbdare. Pe scurt, îi pot răzgâia pe toate planurile. De cele mai multe ori, casa bunicilor constituie pentru copii un refugiu, pe care îl cunosc bine şi îl apreciază. Figura bunicului din ziua de azi îl face pe copil să se simtă în siguranţă cu privire la locul pe care îl ocupă în rândul fraţilor, fie că e vorba de o familie clasică, fie în cazul uneia refăcute; figura bunicului este, aşadar, sursă de identificare. Revoluţionarea arborelui psihogenealogic, la sfârşitul secolului XX, vine din ceea ce am putea numi schimbările de totemuri, adică din faptul că figurile îndepărtate și puțin austere ale bunicilor au devenit un fel de refugiu minunat și indestructibil.

*Și, în cazul în care bunicii au murit, figura lor este oare la fel de importantă pentru nepoții lor?*

C.R.: Bineînțeles; mai mult, este vorba despre una dintre constatările care au pus bazele abordării psihogenealogice. Oricum, părinții noștri ne-au crescut în funcție de propria relație cu părinții. Acesta este un element fundamental. În concluzie, contează mai puțin dacă ne-am cunoscut sau nu bunicii, aceștia influențându-ne viața prin intermediul influenței exercitate asupra părinților noștri.

*Să revenim la problema identificării. Un copil are neapărat nevoie să se identifice cu cineva?*

C.R.: Identificarea reprezintă modul natural de a se forma. Spre deosebire de băiețel, care își percepe diferența sexuală, fetița se percepe ca fiind o reproducere în miniatură a mamei sale. Psihogenealogia ne oferă indicii cu privire la identificările transmise de-a lungul generațiilor. Asta înseamnă că ne construim viziunea asupra a ceea ce înseamnă să fii femeie, prin intermediul propriei mame, viziune pe care ea însăși a preluat-o de la mama ei etc. La fel se întâmplă și în cazul bărbaților, bineînțeles.

*Așadar, psihogenealogia dezvăluie modul în care femininul și masculinul nostru interior se modelează în funcție de imaginea ideală care ni se transmite?*

C.R.: Arborele nostru genealogic definește, într-adevăr, bărbatul din interiorul nostru sau femeia din interiorul nostru.

La întrebarea: „Ce înseamnă pentru tine faptul că eşti femeie sau faptul că eşti bărbat?", răspundem cu toţii în funcţie de diferitele femei sau bărbaţi din propria familie. Feminitatea, ca şi virilitatea, sunt miezul istoriei noastre familiale. Ne structurăm identitatea identificându-ne cu aceste figuri familiale. Contradicţiile şi confuziile pe care le avem, de aici decurg. De exemplu, în anumiţi arbori genealogici, mama a luat locul tatălui – şi invers. În alte cazuri, părinţii sunt asociaţi – într-o activitate profesională comună, de exemplu. În acest caz, imaginea poate fi bruiată. Calitatea relaţiilor amoroase pe care le avem depinde şi de aceste imagini familiale. Arborele nostru genealogic ne poate transmite ura faţă de bărbaţi sau faţă de femei ori ne poate constrânge să ne iubim tatăl în detrimentul mamei – sau invers.

*Identificarea se face întotdeauna mai întâi cu părinţii?*

C.R.: Din punct de vedere genealogic, la unele persoane, mecanismele inconştiente de identificare pot avea legătură şi cu profesori, medici de familie sau preoţi. Aceste identificări poartă în ele informaţii transmisibile, şi ele, de la o generaţie la alta. Oricât de uimitor ar părea acest lucru, figurile fundamentale care fac obiectul identificării nu presupun neapărat legături de sânge. Uneori, acest rol poate fi jucat de naş sau de naşă. De pildă, copiii adoptaţi au o psihogenealogie genetică suplimentară psihogenealogiei familiei adoptive, identificându-se cu amândouă.

*Am putea să zăbovim un pic asupra fenomenului repetărilor de la o generaţie la alta?*

C.R.: A repeta înseamnă a acţiona în funcţie de povestea ta familială. Fenomenul repetărilor constă în a reproduce aceleaşi scenarii, aceleaşi date aniversare şi în a adopta aceleaşi valori. Dar asta nu se întâmplă în mod sistematic. De exemplu, puteți face exact pe dos – acțiune denumită „contra-scenariu". Indiferent de situație, aceste repetări ne vor manipula de-a lungul întregii vieți! Cu toate acestea, există mai multe forme de repetare, de la cele mai banale la cele mai incredibile – în cele mai neaşteptate domenii: de la bucătărie, cu propriile gusturi şi moduri de a pregăti mâncarea, la stilul vestimentar şi la relația cu banii. Există, bineînțeles, şi faimoasele repetări profesionale, cum ar fi alegerea meseriei, maniera de lucru etc. Întotdeauna funcționăm potrivit unei combinații între ambiția personală şi inconştientul familial. Fără a-mi propune să suprim magia iubirii, trebuie să vă spun că nici domeniul afectiv nu face excepție de la regulă. Când te îndrăgosteşti, nu e ca la loterie: în spatele „misterului" întâlnirilor noastre şi al tuturor întrebărilor pe care le ridică alegerile noastre sentimentale, se pot ascunde interesante repetări familiale. Cei doi îndrăgostiți care se întreabă de ce se iubesc îşi pot da seama uneori că, pe neştiute, tocmai legăturile puternice ale repetării i-au adus împreună. Nu e întâmplător că ne căsătorim la aceeaşi vârstă ca bunica. De pildă, o atracție pentru un partener aparținând unei culturi diferite poate fi explicată tot prin repetări genealogice.

Alt fenomen frecvent de repetare: maternitatea. Unele femei rămân însărcinate la aceeaşi vârstă ca şi mama lor, în timp ce altele sunt victimele unor avorturi spontane care reamintesc de evenimente asemănătoare. Produse ale istoriei familiale, marile etape din viața afectivă se supun legii clanului. Lucru valabil şi în privința sănătății. Bolile de care suferim pot reprezenta afecțiuni ale strămoşilor mai mult sau mai puțin îndepărtaţi. După cum vedeţi, întreaga viaţă se poate afla sub semnul repetărilor.

*Cum vă explicaţi că părinţii nu îşi dau seama de faptul că îşi cresc copiii aşa cum au fost crescuţi ei înşişi?*

C.R.: Pe de o parte, repetarea nu este neapărat vizibilă; pe de altă parte, ei nu ne vor creşte la fel, în mod obligatoriu. Este un proces mai complex. Repetarea are la bază imaginea inconştientă a bărbatului sau femeii, vehiculate în sânul familiei. Bunica nu suportă fetele şi mama va aduce pe lume băieţi! Fenomenul de repetare pune în scenă elemente care ţin de trăire, iar pentru a identifica şi înţelege repetările trebuie să ştim ce s-a întâmplat cu adevărat în copilăria părinţilor noştri, adică ceea ce ei încearcă să reproducă.

De altfel, ar trebui să nu aruncăm mereu vina pe părinţi. Îi acuzăm de toate relele! Puteţi constata că, în majoritatea cazurilor, ei doar încearcă să dăruiască ceea ce ei înşişi nu au primit şi, astfel, să-şi vindece propriile răni. Problema e de fapt următoarea: copiii nu sunt terapeuţii părinţilor… cu toate astea remarcăm o tendinţă din ce în ce mai răspândită în prezent. De unde şi necesitatea de a ieşi din cercul vicios al repetărilor, un fenomen care te sufocă şi-ţi anihilează liberul arbitru…

*Psihogenealogia ne poate ajuta să punem capăt acuzaţiilor la adresa părinţilor şi a familiei, pe care îi considerăm adesea responsabili de toate problemele noastre?*

C.R.: Psihogenealogia este, într-o oarecare măsură, arta de a-ţi folosi familia. Pentru a ne înţelege din nou bine cu ea, ar fi de ajuns pur şi simplu să recunoaştem că ne-a dăruit viaţa! Odată depăşită această criză împotriva familiei (o criză care ne face să resimțim în mod crud lipsurile de care suferim), este important să evoluăm, să ne schimbăm modul de a vedea lucrurile. Spiritul de familie se poate reînnoi, cu condiția de a-i conștientiza valorile pozitive. Este absolut necesar să încercați să vedeți aspectele pozitive ale încrengăturilor familiale. Nu trebuie respins totul în bloc. În fond, nu încercăm decât să ne găsim împlinirea în mod liber, în adevăratul spirit al clanului. Pentru asta, este nevoie de o transformare afectivă. Doar ea poate întreține alchimia.

*Dar cum să înțelegem în mod lucid inextricabila țesătură a legăturilor psihologice care s-a creat între membrii descendenței noastre?*

C.R.: Înțelegerea și conștientizarea nu reprezintă după părerea mea decât o primă etapă, insuficientă. Obiectivul psihogenealogiei, dar și al psihoterapiei, este de a opera o transformare pe plan afectiv care constă în a redescoperi iubirea de sine, adică să te iubești din nou pe tine însuți așa cum ești. Marea originalitate a psihogenealogiei este că ne permite să nu ne mai privim părinții ca pe niște zei, fie ei iubitori sau severi, dar niciodată la înălțimea nevoilor noastre, ci mai degrabă ca pe niște ființe umane, cu slăbiciunile, nevrozele și suferințele lor. Pricepuți sau nu, au făcut, în general, ce au putut. Ca să evităm aceleași locuri comune și să nu aurim la nesfârșit blazonul iubirii parentale, eu preconizez iertarea; o versiune originală de terapie, pe care o propune psihogenealogia.

*Dar uneori este imposibil să iertăm sincer...*

C.R.: Repet, trebuie să ne vedem părinții ca pe niște ființe umane și nu numai ca pe niște părinți. Iar iertarea nu este deloc ceea ce credem. Deja este necesar să ne confruntăm cu ura, resentimentele, frustrarea care ne macină şi de care nu suntem întotdeauna conştienţi. Apoi, trebuie să înţelegem că părinţii noştri au făcut tot ceea ce au putut. Nu trebuie să suferim toată viaţa pentru că am suferit în trecut. Nu putem schimba trecutul, dar putem schimba în noi sechelele acestuia. Este esenţa psihogenealogiei: „a renaşte prin tine însuţi".

*Ce înţelegeţi prin „a renaşte prin tine însuţi"?*

C.R.: A te transforma în propriii tăi părinţi, propriul tată, propria mamă şi a te aduce din nou pe lume. Demers indispensabil iertării. Atenţie, nu este vorba neapărat de a-ţi nega suferinţele, nici de a contesta faptul că părinţii au fost mai mult sau mai puţin capabili de iubire. Ideea este să realizezi că totul ţine de propria istorie şi să sublimezi. Cu alte cuvinte, să îţi asumi. Iar, pentru asta, trebuie să îţi schimbi starea de spirit.

*Cum ne poate ajuta psihogenealogia să „renaştem prin noi înşine"?*

C.R.: Cu ajutorul unui psiholog, veţi descurca toate firele acestui scenariu familial, veţi înţelege ceea ce a fost în joc, veţi vedea ce fel de copii au fost mama dumneavoastră, tatăl dumneavoastră, veţi explora relaţiile cu propria familie, cu fraţii şi cu surorile... Nu e în niciun caz vorba despre „voyeurism" faţă de relaţiile părinţilor, ci de a scoate la lumină zonele de umbră, ne-spusul. Şi, din descoperire în descoperire, veţi sfârşi prin a înţelege cum se leagă lucrurile. Această înţelegere ne va permite în sfârşit să ajungem la o comoară, respectiv cea a familiei.

*Toată lumea ar trebui să apeleze la psihogenealogie?*

C.R.: Toată lumea ar trebui să fie preocupată efectiv de aceste lucruri, chiar şi numai pentru a fi conştienţi de ce anume le transmitem copiilor noştri. Psihogenealogia este mai mult decât o terapie. E un proces de conştientizare a inconştientului familial, iar, în acest sens, persoana respectivă trebuie să înveţe să-şi pună corect întrebări cu privire la originea comportamentului său. În psihogenealogie, copilul devenit adult este cel care consultă şi se întreabă ce a făcut cu moştenirea părinţilor, bunicilor şi străbunicilor. Să ne amintim ce a făcut Françoise Dolto cu propria moştenire – o familie deosebit de dificilă, în care mama ar fi preferat să o vadă murind mai degrabă pe ea decât pe sora ei... Françoise ar fi putut suferi toată viaţa! Este clar că ea a reuşit să dea un sens propriei psihogenealogii, evoluând către vindecare.

*Când ne putem considera „vindecaţi"?*

C.R.: A te vindeca înseamnă a te împăca cu tine însuţi. Acestea fiind spuse, câtă vreme suntem în viaţă, ne aflăm într-o perpetuă transformare, suntem în mişcare. Poate că şi asta înseamnă să te vindeci: să accepţi că e loc de schimbare, de transformare. Unii dintre pacienţi îmi spun: „Voi înceta să mai sufăr când se vor aranja lucrurile". Nu-i chiar aşa. Le-aş spune mai degrabă: când o să îţi fie mai bine, suferinţa nu va mai fi un mod de viaţă, chiar dacă vor mai fi şi momente dificile, frustrări, probleme. Viaţa nu este făcută doar din evenimente plăcute, dar e în esenţă o invitaţie la fericire.

*Cum ar putea fi compensată suferinţa?*

C.R.: Există oameni care suferă şi ajung în situaţia de a fi victimele celorlalţi. Pe urmă, îşi petrec viaţa suferind şi făcându-i pe alţii să sufere. Sau îşi sublimează suferinţa şi fac în aşa fel încât suferinţele şi trecutul lor să servească celorlalţi. Un exemplu pentru ultima situaţie: ajunşi la maturitate, copiii care au suferit încearcă să fie părinţi perfecţi. Problema este că şi atunci când dăruim mult, dar uităm de noi înşine, rămânem tot în stadiul căutării unei compensaţii pentru suferinţă. Este o mică greşeală pe care o întâlnim la mulţi dintre confraţii mei, pe care o fac şi eu. Trebuie să ne gândim şi la noi, să nu ne încărcăm cu toată suferinţa lumii. Dincolo de compensarea suferinţei, este important să ne dăm voie să trăim.

*La modul concret, cu ce ar trebui să începem pentru a deznoda încâlcirile din familie care ni s-au transmis?*

C.R.: Spre exemplu, puteţi începe prin a înţelege dorinţa părinţilor de a vă aduce pe lume, aspect care nu este întotdeauna evident. Printre cheile indispensabile deblocării uşilor şi culoarelor inaccesibile ale istoriei personale, prenumele au şi ele un rol important. Nu ne cheamă Antonin, ca pe scriitorul Antonin Artaud, sau Jonas, sau Maria, ca pe bunica, aşa, fără niciun motiv. La un moment dat, am cunoscut o fată pe nume Blandine... purta prenumele amantei tatălui său.

Fără să cădem în melodrama care însoţeşte descoperirea originilor, întreprinderea unei anchete se dovedeşte a fi adesea indispensabilă.

*Şi când nu este posibil să ne informăm, cum procedăm?*

C.R.: Nu e niciodată întâmplător când nu se ştiu anumite lucruri despre cineva din familie, despre bunici, de exemplu.

Poate fi vorba de un conflict între mamă şi părinţii săi sau între tată şi părinţii acestuia. Poate fi vorba şi despre un secret de familie. Putem să le vedem reapărând prin repetări comportamentale.

*Un secret de familie sfârşeşte mereu prin a ieşi la iveală?*

C.R.: Nu există nimic mai toxic decât un secret de familie... şi repetările sunt simptomatice. Începând din momentul în care un eveniment sau un comportament este ascuns, el se repetă în mod inevitabil. Dacă există un secret de familie, trebuie să fi existat şi ruşine... Iar ruşinea duce la toxicitate. Secretul de familie este, într-adevăr, o otravă. Inconştientul l-a încorporat şi el va ieşi din nou la suprafaţă. A fost absorbit de inconştient şi va sfârşi prin a ieşi la suprafaţă.

*Dar simpla conştientizare este ea oare de ajuns pentru a pune capăt repetării scenariilor familiale?*

C.R.: Nu e suficient, e mult de lucru în plan afectiv. Să luăm un exemplu... Sunt mereu nefericită în cuplu. Dau mereu peste acelaşi tip de bărbaţi, care mă fac să sufăr. Conştientizarea înseamnă că trebuie să găsesc un răspuns la anumite întrebări: care sunt imaginile femeii şi ale bărbatului transmise în sânul familiei mele; care sunt datoriile pe care mi le voi asuma, din fidelitate faţă de valorile familiei? Sunt pe cale să fiu din nou nefericită pentru că, în istoria mea familială, pare să fie interzis să fii fericită alături de un bărbat?

*Şi ce înţelegeţi dumneavoastră prin „lucru în plan afectiv"?*

C.R.: Este un întreg drum... care nu se parcurge cât ai clipi. Să conştientizezi, să scoţi la suprafaţă ura şi resentimentele, să înveţi să te iubeşti pe tine însuţi, să înveţi să-ţi ierţi propriii părinţi spunându-ţi că au făcut tot ce le-a stat în putinţă, să-ţi spui că nu vei suferi toată viaţa, să-ţi asumi şi să-ţi controlezi propria viaţă... pentru aşa ceva este nevoie de timp! E un întreg proces până să ajungi acolo.

*Cu siguranţă că e de dorit să te eliberezi, dar cum să faci diferenţa între ceea ce familia aduce bun şi ce este nociv?*

C.R.: Cred că obiectivul unei fiinţe umane este să dea un sens. Vindecarea apare atunci când istoria noastră personală dobândeşte un sens. Familia ne-a dat viaţă, bucurii şi suferinţe. În măsura în care am descoperit care este sensul vieţii noastre, le vom transmite mai puţine lucruri toxice copiilor noştri.

*Îmi cer scuze că pun această întrebare tocmai acum, dar putem explica, din punct de vedere ştiinţific, cum se face că un eveniment din trecut poate avea consecinţe câteva generaţii mai târziu?*

C.R.: Chiar nu ştiu... este un lucru învăluit în mister. Există un inconştient familial care uneşte persoane ce nu sunt genetic legate între ele şi care, cu toate acestea, fac parte din genealogie. Îmi amintesc, de exemplu, de un pacient care imita în totalitate viaţa primei iubiri a mamei sale, un bărbat care nu era tatăl său. M-am ocupat şi de o pacientă care avea doi taţi simbolici: prima iubire a mamei sale, care nu era tatăl său biologic, şi pe tatăl său. Acestea sunt exemplele clasice de *repetare*. Găsim multe asemenea exemple în viaţa profesională... Dacă aveţi o familie în care toată lumea are o profesie liberală, veţi fi în mod firesc îndreptat către acest tip de profesie... Dacă în familia dumneavoastră a existat un faliment traumatizant, există mari şanse ca la vârsta pe care o avea tatăl dumneavoastră în timpul acestui eveniment să vă puneți întrebări asupra vieții dumneavoastră profesionale. Inconștient, totul este determinat de această poveste! Modul în care vedem bărbații, femeile, modul în care ne concepem feminitatea, sexualitatea, modul în care călătorim, ideile politice, religioase... În realitate, totul este influențat de familie și de istoria acesteia. Și totul se transmite. Modul în care vă raportați la bani. Seducția, plăcerea...

*De exemplu, o problemă referitoare la alcoolism poate fi pusă pe seama unei patologii transgeneraționale?*

C.R: În anumite familii, poate exista o angoasă cu privire la acest subiect. Bunicul era alcoolic, unchii și mătușile de asemenea, este acest lucru ereditar? Modul în care am abordat problema mă face să cred că alcoolicii sunt hipersensibili și că au dificultăți în a-și exprima suferințele pe care le-au trăit. De aceea, alcoolul îi face adeseori agresivi, fiindcă alcoolul este un factor de dezinhibare a inconștientului. Alcoolicii au adesea angoase în raport cu responsabilitățile lor, fiindu-le teamă că nu sunt la înălțime. Ei nu metabolizează zaharurile din alcool. Cred mai degrabă că e vorba de o transmitere a ne-spusului și de lipsa exprimării emoției, și nu atât de moștenire genetică... Medicii au observat că, printre tinerii care se droghează, mulți provin din familii de alcoolici... Dar, repet, acest lucru nu are niciun caracter științific. Este vorba despre simple observații.

*În ultima dumneavoastră lucrare, explicați, dintr-un punct de vedere psihogenealogic, ce se întâmplă atunci când este adoptat un copil... Puteți să ne vorbiți despre acest lucru?*

C.R.: Într-adevăr, arborele genealogic poate arăta că o persoană e mai deschisă către adopție decât altele. În psihogenealogie, așa cum am mai spus, copiii adoptați au cel puțin două psihogenealogii: cea a familiei genetice, care apare şi ea uneori, şi cea a familiei lor de adopţie. Să ştiţi că adopţia poate fi foarte dificilă: toţi copiii care sunt adoptaţi au fost răniţi într-o primă fază. Un copil nu este în măsură să spună că a fost abandonat pentru că „adevărata" sa familie nu a putut să-l crească din raţiuni economice. Un copil adoptat crede că a fost abandonat pentru că „merita să fie abandonat" şi nu merita osteneala de a fi crescut. Toţi aceşti copii sunt aşadar răniţi şi, în perioada de creştere, se vor strădui din răsputeri să fie drăguţi astfel încât familia lor adoptivă să-i placă. Dar, în orice caz, există o suferinţă în legătură cu care ar trebui să se lucreze. Orice copil adoptat ar trebui să facă psihoterapie, în copilărie, tocmai pentru a înţelege că este „demn de iubire" şi că familia sa de origine pur şi simplu nu a putut să-l crească. Adeseori, în momentul în care copiii întâlnesc primele iubiri, ei retrăiesc abandonul familiei lor iniţiale, cu deosebire pe cel al mamei. Toate problemele care fuseseră refulate şi care ar fi putut fi tratate din timp vor ieşi din nou la iveală...

*Procesul de adopţie se poate repeta?*

C.R.: La maturitate, cei care au fost adoptaţi vor căuta adeseori să adopte alţi copii. Dacă, evident, propria lor adopţie s-a petrecut bine. Totuşi, aceşti copii rămân răniţi şi fiecare are dreptul la rădăcinile sale... Ar fi bine să se schimbe legile, astfel încât un copil devenit adult să poată să-şi cunoască mama care l-a născut sub anonimat.

*Aceşti copii au realmente nevoie să-şi regăsească familia biologică?*

C.R.: Numai dacă ei vor acest lucru... Încă o dată, depinde de la caz la caz. Nu toţi copiii adoptaţi vor să-şi regăsească familia biologică. Aceasta nu înseamnă totuşi că el este împăcat. Poate avea o ură teribilă faţă de această familie care l-a abandonat şi pe care nu vrea să o revadă. Unii copii consideră că familia lor de adopţie este adevărata lor familie. În această privinţă, au dreptate. Este cea care dăruieşte iubire, care educă. Tatăl se află acolo pentru a institui cuvântul (şi legea). Şi asta contează foarte mult. Odinioară, în familiile bogate, doica era de cele mai multe ori o mamă mai bună decât mama naturală. Ea se ocupa de copil şi ceea ce contează înainte de toate este să primeşti iubire.

*Apropiindu-ne de final, să revenim la probleme de metodă. După părerea dumneavoastră, psihogenealogia se bazează mai degrabă pe terapii individuale sau de grup?*

C.R.: Pe amândouă! Prin comunicarea în grup, ajung mai uşor la suprafaţă lucrurile ascunse în sinea noastră. În al doilea rând, grupul se opune mitului familial, adică imaginii idealizate pe care ne-o facem despre propria familie.

Abordarea individuală poate fi deci completată prin şedinţe de grup, ceea ce va permite punerea în scenă a inconştientului familial. Pentru a ne „stăpâni" inconştientul, această exteriorizare e absolut necesară. Amintirile neplăcute, comportamentele repetitive se exprimă prin intermediul corpului. Un lucru este sigur: indivizii care lucrează împreună ajung cu siguranţă la nişte experienţe care devin ecou al experienţelor celuilalt. În acest fel, apare inconştientul. Nu prin magie, ci prin emoţii însoţite de gesturi şi de verbalizare. Observând în ce fel o reacţie emoţională trimite la o anumită întâmplare petrecută în familie, pacientul intră puţin câte puţin în contact cu fantomele sale refulate. Dacă vreţi, este vorba despre o „terapie individuală în grup". Ne servim de grup ca de un instrument, unul plin de posibilităţi, însă exerciţiile sunt specifice fiecăruia. În grup, conştientizarea este mult mai rapidă. De altfel, grupul se comportă ca o oglindă. Progresele pot fi, aşadar, observate, lucru de care nu prea ne dăm seama când suntem izolaţi. Şi apoi, suntem fiinţe sociale, de aceea este important ca terapia să se poată desfăşura prin intermediul unui grup.

*O ultimă întrebare: credeţi că psihogenealogia va evolua?*

C.R.: La început, psihogenealogia a fost o terapie pentru cei care sufereau şi care voiau să se simtă mai bine în propria piele. Dar observăm acum că psihogenealogia se adresează tuturor, chiar şi celor care nu vor veni niciodată la o consultaţie. Este vorba de o cheie care ne ajută să ne înţelegem personalitatea şi comportamentul. Psihogenealogia a devenit o metodă de autocunoaştere.

# 6

# Să ne eliberăm de secretele de familie: o condiție prealabilă a oricărei psihoterapii

## ÎNTÂLNIRE CU SERGE TISSERON

Psihanalist şi autor cunoscut îndeosebi pentru lucrările sale despre Hergé[1] şi despre originile acestuia, Serge Tisseron a descoperit rolul pe care l-a avut secretul în propria istorie familială, moartea unuia dintre bunicii săi fiind înconjurată de un mister bolnăvicios. Dezvăluirea *secretului de familie* contrazicea tot ceea ce învăţase de la teoreticienii psihanalizei freudiene, pentru care secretul de familie nu există – ceea ce fără îndoială că avea legătură cu faptul că familia lui Freud ascundea ea însăşi numeroase secrete nocive! Dar, atenție: nu toate secretele sunt nocive.

Serge Tisseron aduce un suflu nou viziunii asupra psihanalizei, sprijinindu-se pe teoria *fantomei* expusă de Nicolas Abraham şi de Maria Torok – primii exploratori ai câmpului clinic al secretului de familie fatal, generatoare de suferință pe linie descendentă.

---

[1] Georges Prosper Remi (1907-1983), cunoscut sub pseudonimul Hergé, a fost un artist belgian, creator de benzi desenate, dintre care cea mai cunoscută este seria „Aventurile lui Tintin".

Nici n-avem idee câte familii ascund secrete, care cântăresc atât de greu asupra psihicului membrilor lor încât aceştia se îmbolnăvesc, ajung delincvenţi, toxicomani sau intră într-o serie de eşecuri greu de înţeles. Ce este un „secret de familie"? Aş vrea să nu existe nicio confuzie: numeroase secrete sunt legitime şi sănătoase, chiar dacă propria noastră cultură nu acceptă întotdeauna acest lucru; ele îi asigură fiecăruia libertatea de gândire. „Secretele de familie" au ca efect excluderea anumitor membri din sfera de încredere a grupului, cel mai adesea a celor mai tineri. În mod paradoxal, aceste secrete provin mai degrabă din dorinţa părinţilor de a „proteja copilul", neîncredinţându-i de pildă secretul că un membru al familiei mai are un copil, sau va muri, sau se află în închisoare, sau pur şi simplu e şomer... şi exemplele pot continua. De fiecare dată, totul se petrece ca şi cum copilul ţinut deoparte „ştia la modul inconştient" adevărul şi proceda astfel încât să dea de înţeles acest lucru printr-o boală sau printr-un comportament deviant, cu un singur scop: să arate că şi el este muritor, sau delincvent, sau şomer, în speranţa că va recâştiga încrederea „pierdută". Cum poate fi reperat un asemenea secret? Şi cum se poate scăpa de blestemul său? Ce putem spune, ce trebuie să ascundem, până la ce vârstă? În cartea sa *Nos secrets de famille,* dr. Serge Tisseron ne propune câteva piste interesante, pe care l-am rugat să ni le detalieze puţin.

*În calitate de specialist în pedopsihiatrie, cum aţi ajuns să vă aplecaţi asupra istoricului familial?*

Serge Tisseron: Totul a început când eram psihiatru şi psihanalist de copii, în anii '80. Deodată am avut impresia că grilele şi modelele de interpretare a desenelor copiilor învăţate de mine nu erau suficiente pentru a explica toate componentele.

*Ce grile de interpretare folosiţi?*

S.T.: La momentul acela, aplicam grila clasică de reprezentare a pulsiunilor parţiale din desenele copiilor, elaborată de Melanie Klein, şi pe cea a lui Françoise Dolto asupra imaginii inconştiente a corpului. Dar am observat că anumite desene nu corespundeau niciuneia dintre aceste grile.

În timpul şedinţelor, mulţi copii reproduceau în desenele lor probleme de care auzeau discutându-se în familie, dar despre care nu li se vorbise. Cu alte cuvinte, copiii desenau elemente ale poveştii familiale pe care le presimţeau, dar pe care nu le puteau exprima prin cuvinte... De aici au pornit studiile mele.

*Spre ce v-aţi îndreptat atunci?*

S.T.: Îmi pusesem întrebări cu privire la acest aspect, cu mult timp înainte. Dacă cei mici desenează lucruri pe care nu le pot exprima, nu cumva şi adulţii fac la fel? Poate că artiştii adulţi continuă să exprime în arta lor lucruri pe care, în copilărie, nu aveau voie să le exprime. Am hotărât aşadar să verific această ipoteză studiind un desen cunoscut.

*Şi v-aţi apucat să recitiţi albumele lui Tintin!*

S.T.: Secretele se învârt în jurul unor poveşti care au un început, un mijloc şi un sfârşit. Trebuia deci să mă aplec asupra unor autori care creează povestea în întregime. Litografii sau ilustratorii nu istorisesc poveşti, ci oferă mai degrabă instantanee.

Alegerea mea s-a îndreptat aşadar în mod cu totul firesc către autorii de benzi desenate. Cunoşteam foarte bine „Aventurile lui Tintin", deoarece le citisem în copilărie, aşa că am demarat studiul pornind de la aceste albume.

*Şi ce aţi aflat?*

S.T.: Am demonstrat că firul microscopic al unui secret de familie parcurgea această operă în ansamblu. Despre bunica lui Hergé, creatorul lui Tintin, se spunea că îşi născuse copilul din flori, iar despre bunicul său, a cărui identitate fusese întotdeauna ţinută secretă, se vorbea ca despre cineva foarte suspus. Un mister familial cântărise aşadar greu în viaţa lui, prin intermediul tatălui. Acesta fusese extrem de afectat de faptul că mama îi ascunsese întotdeauna identitatea tatălui. Biografii celebrului desenator au confirmat de altfel această informaţie. Hergé pusese aşadar în imagini secretul pe care în copilărie nu-l putuse exprima prin cuvinte.

*Exprimarea prin desen nu este o abordare nouă...*

S.T.: Psihanaliştii afirmă că ceea ce se transpune în desen ţine adesea de conflictele dintre dorinţe şi interdicţiile care le sunt asociate. Din această perspectivă, desenele au întrucâtva natura unui compromis. Copiii, ca şi adulţii uneori, vor ajunge să deseneze ceea ce nu au voie să spună prin cuvinte, doar pentru a respecta o regulă din familie. Desenul nu exprimă neapărat dorinţe interzise, cu excepţia aceleia de a cunoaşte şi a înţelege diferitele aspecte care se ţes în jurul unui eveniment din istoria familiei. De altfel, pornind de la această idee am scris *Tintin et les secrets de famille,* în 1987.

*Astăzi, modelul familiei tradiţionale s-a modificat. Definiţia familiei s-a schimbat oare?*

S.T.: Definiţia nu – nu cred. În schimb, nu mai există aceeaşi nevoie de a defini familia. Altădată, familia exista, nimeni nu o punea la îndoială, ea nu avea deloc nevoie să fie definită. Cultivam amintirea străbunilor, eram alături de cei apropiaţi, fraţii, unchii, mătuşile, în jurul părinţilor şi al copiilor. Astăzi, lucrurile se schimbă, cu noul mod de viaţă, iar familiile sunt adesea destrămate, refăcute sau monoparentale. Pe de altă parte, din ce în ce mai mulţi copii se nasc prin fecundare *in vitro*, cu donator anonim sau nu, iar alţii sunt adoptaţi. Aşadar, este esenţial să ne amintim că orice familie se defineşte prin două axe complementare: o axă orizontală şi o axă verticală.

Axa orizontală a oricărei familii este ansamblul persoanelor care se află în contact fizic sau virtual, prin internet de exemplu, la un moment dat. Membrii aceleiaşi familii pot locui în Canada, în Argentina, în China şi în Africa. Dar pot păstra legătura prin internet. Chiar dacă acest contact este unul virtual, specificul uman al individului este de netăgăduit.

Familia se defineşte şi printr-o axă verticală, reprezentată de ascendenţi şi de către genealogia care integrează fiecare fiinţă umană într-o filiaţie. Cu toţii suntem născuţi dintr-un bărbat şi dintr-o femeie, care provin ei înşişi dintr-un bărbat şi dintr-o femeie – şi aşa mai departe. Cele două axe sunt esenţiale construcţiei psihice a copilului. Nimeni nu se defineşte pornind doar de la colaterali sau doar de la înaintaşi. Cu toţii avem nevoie de ambele categorii.

*În societatea noastră, familia, dispreţuită în trecutul apropiat, fiind considerată o povară, este astăzi valorizată... Cum se explică acest reviriment?*

S.T.: Familia, astăzi valorizată, diferă cu mult de cea atacată până nu demult. Atacat era mai curând modelul familiei patriarhale tradiţionale, bazat pe ipocrizie şi pe autoritate, cu un tată pe post de şef, chiar dacă era alcoolic sau incestuos. Critica la adresa acestui tip de familie a început să fie răspândită încă de la sfârşitul anilor '40. Astăzi, este valorizată familia care pune accent pe apropiere, pe autenticitate, pe sinceritate. Decât să mă ocup de revalorizarea familiei, prefer noile forme de organizare familială, noile relaţii între părinţi şi copii.

*Tema secretului de familie este abordată din ce în ce mai des, în special în cinematografie, în filme precum „Festen", al lui Thomas Vinterberg, referitor la impactul incestului, sau, mai recent, „Terranova", al lui Lasse Hallstrom, care înfăţişează un bărbat în căutarea propriilor rădăcini, şi care descoperă, printre altele, că provine dintr-o familie de naufragiaţi... Să fie oare o modă?*

S.T.: În ceea ce mă priveşte, nu este vorba despre un fenomen la modă, întrucât am început să mă interesez de el cu peste treizeci de ani în urmă, la sfârşitul anilor '70. Trebuie să înţelegem că, la vremea aceea, nimeni – cu atât mai puţin psihanaliştii – nu lua în considerare ideea că secretele de familie s-ar putea afla la originea tulburărilor psihologice. Faptul că astăzi această idee este acceptată ţine în principal de doi factori. Primul factor este evoluţia concepţiilor despre moralitate. Numeroase chestiuni erau încă tabu acum douăzeci de ani, în vreme ce astăzi lumea vorbeşte liber despre ele. O parte dintre acestea ar fi: copii proveniţi în urma unui adulter, cei concepuţi în afara căsătoriei sau adoptaţi – eventual de cupluri homosexuale; apoi, din punctul de vedere al patologiei, nimeni nu îndrăznea să vorbească despre boli mentale, depresie, toxicomanie, despre alcoolism etc. Presa a abordat toate aceste chestiuni dintr-o perspectivă socială, dincolo de dimensiunea lor individuală. Sentimentul de ruşine, asociat cu aceste probleme, s-a relativizat.

*Şi cel de-al doilea factor?*

S.T.: Mulţi specialişti în domeniul psihicului au început să se intereseze de aceste chestiuni. În urmă cu treizeci de ani, când eu şi colegii mei aduceam în discuţie secretele de familie, eram trataţi – în cel mai bun caz – cu un scepticism politicos, iar – în cel mai rău – cu agresivitate.

Din fericire, astăzi se cunoaşte impactul secretelor de familie. Totuşi, este interesant să remarcăm că progresul nu a venit de la terapeuţi, ci de la evoluţia socială. Ca întotdeauna, ei nu au făcut decât să realizeze importanţa acestei evoluţii sociale şi să încerce să ia trenul din mers!

*Aşadar, societatea şi-a dat seama înaintea terapeuţilor de importanţa secretelor de familie!*

S.T.: Exact. Pentru Freud, părintele „inconştientului", secretele de familie nu existau. În consecinţă, toţi psihanaliştii care îi adoptaseră teoria – şi Dumnezeu ştie cât de numeroşi erau aceştia în anii '70 –, au refuzat să le ia în considerare. În mediul psihanalitic al epocii, existau răspunsuri oferite de-a gata. Iată un exemplu: povestea părinţilor şi cea a descendenţei se întipăreşte în inconştientul copilului. Aşadar, avem fiecare o cunoaştere inconştientă a moştenirii familiale, chiar şi a celei mai sumbre. Concluzie: chiar şi atunci când există un secret într-o familie, acesta este un fals secret, cunoscut de toţi!

*V-aţi inspirat din teoriile lui Nicolas Abraham şi ale Mariei Torok, cei doi psihanalişti aflaţi la originea noţiunilor-cheie ale efectelor secretului de familie de-a lungul generaţiilor (clinica fantomei)?*

S.T.: În timp ce mă documentam pentru *Tintin et les psychanalystes,* m-am folosit de teoria lor. Totuşi, mai târziu am observat că această abordare nu rezolva toate problemele şi că trebuia să o dezvoltăm cu ajutorul altor construcţii teoretice. Pe scurt, psihanaliştii Nicolas Abraham şi Maria Torok au fost cei dintâi care au luat în considerare modul în care secretele ruşinoase, alături de minciunile legate de ele, pot crea serioase probleme psihologice generaţiilor următoare; este vorba despre *teoria criptei şi a fantomei.* În schimb, ei nu spun care sunt mecanismele prin care secretele se transmit de la o generaţie la alta, otrăvind viaţa familiei. Cum se transmite acest secret care pare contagios, pe care copiii sau nepoţii îl comemorează în mod inconştient? Cum nu abordaseră această chestiune, anumiţi terapeuţi îşi închipuiau că secretul prezent în inconştientul părinţilor ar sări, precum un purice invizibil, în inconştientul copiilor... Uneori, această teorie a fost dusă până la absurd.

*Care a fost contribuţia dumneavoastră? Pe ce se bazează teoria pe care aţi elaborat-o cu privire la secretele de familie?*

S.T.: Dacă am trăit o situaţie despre care nu putem vorbi, pentru că acest lucru este interzis sau dureros, ajungem să ne dezvoltăm alte modalităţi de exprimare: atitudini stranii, fraze echivoce... pe care copiii le percep în mod inconştient. În condiţiile în care familia le impune tăcerea, copiii încep să fabrice imagini. Prin desene, ei exprimă ceea ce nu pot pune în cuvinte, lucruri pe care totuşi le-au construit în minte, pornind de la mimica şi de la comportamentele pe care le observă la cei din jur. În 1987, în *Psychanalyse de la bande dessinée*[2], am numit acest mecanism *teoria celor trei niveluri de simbolizare*. De atunci, n-am făcut decât să o dezvolt.

*Cum anume îi afectează legea tăcerii din jurul unui secret de familie pe membrii acesteia?*

S.T.: Foarte simplu. Există o forţă interioară, un instinct care ne împinge să ne fabricăm reprezentări ale situaţiilor prin care trecem. Ni se întâmplă tuturor. Sunteţi martorii unui accident rutier. Odată întorşi acasă, le povestiţi apropiaţilor, gesticulând sau chiar făcând o schiţă. Este în firea noastră ca, atunci când trecem printr-o situaţie deosebită, să le-o prezentăm celorlalţi sub multiple forme. Viaţa de familie este permanent marcată de acest tip de interacţiuni.

Când anumite evenimente trăite intens de membrii grupului nu pot să beneficieze de o reprezentare verbală, cei care le-au trăit le vor traduce fără să-şi dea seama. Dacă, de exemplu, un membru al unei familii a fost agresat pe stradă şi nu vorbeşte despre asta, îşi va exprima teama în alt fel: se poate să refuze să iasă afară seara, sub pretextul oboselii. Ceilalţi membri ai familiei vor fi îngrijoraţi, considerându-i comportamentul de neînţeles. Şi alte atitudini ambivalente pot fi la fel de toxice. Ca, de pildă, o mamă care „voia" să îi ascundă fiului său faptul că a fost adoptat şi care oprea televizorul sau schimba canalul de fiecare dată când se aducea vorba despre

---

[2] *Psihanaliza benzii desenate* (1987), Paris, PUF (reeditată de *Champs Flammarion* în 2000).

acest subiect. Tăcerea din spatele unor astfel de comportamente creează o anumită dinamică în sânul grupului familial şi dă naştere unor conflicte puternice.

*Şi ce se întâmplă când un copil observă că există un ne-spus, un secret în familie?*

S.T.: Când un copil bănuieşte că părinţii săi maschează sau cosmetizează realitatea, ceea ce-l face să sufere, acesta îşi construieşte o serie de ipoteze. La fel se întâmplă şi într-un cuplu... Seară de seară, îţi regăseşti cu bucurie partenerul de viaţă şi, la un moment dat, observi că ceva îl nelinişteşte. Îl întrebi ce are şi el îţi răspunde că totul este în regulă. Şi începi să-ţi pui întrebări... Dar să revenim la copilul despre care vorbeam. Dacă bănuieşte că există un ne-spus, îşi va pune trei tipuri de întrebări; mai întâi, se va gândi: „Să fie oare din vina mea? Oi fi făcut vreo prostie fără să îmi dau seama?"

Apoi, se va întreba: „Oare părinţii mei au făcut ceva de care le este ruşine şi despre care nu îndrăznesc să îmi vorbească?"

În cele din urmă, îşi va spune: „Îmi fac griji de pomană..."

Copilul începe să aibă din ce în ce mai multe îndoieli. Cu cât evenimentul ocultat este mai important, cu atât mai mult se va îndoi de ceea ce aude, vede, înţelege şi gândeşte. Este o suferinţă teribilă pentru copilul care poate prezenta tulburări mai mult sau mai puţin serioase, de la dificultăţi de învăţare şi până la manifestări psihotice.

*Secretele de familie îşi amplifică efectele pe măsură ce se transmit de la o generaţie la alta?*

S.T.: Efectele lor se agravează în cazul primelor două generaţii, apoi se diminuează, în general. Dar trebuie să mai ţinem cont şi de faptul că orice copil evoluează într-un mediu relaţional destul de extins. El intră în contact cu bona, cu mătuşile şi cu unchii etc. Dacă are de-a face cu un comportament de neînţeles din partea tatălui, poate cere ajutor cuiva din anturajul său, de exemplu mamei, care îi poate oferi explicaţii. Întrebare la care ea va putea să răspundă că tatăl suportă greu pierderea locului de muncă sau că este nervos uneori pentru că a suferit mult când era mic, că nu poate să vorbească despre asta, dar poate că într-o zi se va destăinui... Descoperind că nu este vina lui, copilul se va dezvinovăţi.

*Cine poate deţine acest rol de corector pe lângă un copil?*

S.T.: Bunicii au un rol foarte important în acest sistem corectiv. Întotdeauna când un copil este crescut de către un părinte „purtător de secret", aceştia pot cel puţin să-i explice că părintele este tulburat de ceva ce nu are de-a face cu copilul şi de care copilul nu este responsabil. Astăzi, datorită agitaţiei mediatice din jurul ne-spusului, din ce în ce mai multe persoane sunt conştiente de importanţa acestui sistem corectiv.

*Şi dacă nimeni nu deculpabilizează copilul, ce se va petrece cu generaţiile următoare?*

S.T.: Secretul traversează atunci generaţiile. Adultul bulversat în copilărie de un secret ajunge să instaureze un sistem de comunicare necorespunzător, în relaţia cu propriul copil. De exemplu, dacă o femeie a fost victima unui incest când era mică, copilul său poate intui că i se ascunde ceva, însă fără a avea confirmarea exactă. La a doua generaţie, fetiţa, devenită acum mamă, poate dezvolta o atitudine anxioasă vizavi de sexualitate, fără să înţeleagă de ce, devenind exagerat de protectoare cu propria fiică... Secretul nu mai este atunci doar ceva despre care nu se poate vorbi: a devenit ceva care nu poate fi numit nici măcar în gând. De asemenea, copilul riscă să prezinte tulburări de personalitate...

*Există secrete în toate familiile?*

S.T.: Bineînţeles! Toate familiile ascund secrete. Iar acestea vor exista întotdeauna. În schimb, cred că este extrem de important să facem distincţia între secretele bune şi cele rele. Nu toate sunt nocive. Familia cosmetizează uneori adevărul, generând un fel de mitologie care întăreşte coeziunea familială. Secretul de familie toxic are trei caracteristici:

- este ascuns;
- ni se interzice să îl cunoaştem;
- îi provoacă suferinţă unui membru al descendenţei, iar copilul său va observa acest lucru.

Bineînţeles, nu tot ceea ce este ţinut secret faţă de copii se supune neapărat acestor trei condiţii. De exemplu, viaţa sexuală a părinţilor este păstrată secretă, îi este interzis copilului să tragă cu ochiul pentru a vedea ceea ce se petrece în dormitorul lor, însă, chiar dacă nu se discută despre asta, este totuşi vorba despre o sursă de bucurie pentru părinţi. Copilul simte acest lucru şi nu îşi va face probleme.

Este altceva atunci când familia impune tăcerea asupra unui eveniment. O ceartă aparent banală în privinţa unei moşteniri poate avea urmări neplăcute pentru unul dintre membrii familiei, otrăvindu-i viaţa atât lui, cât şi copiilor săi. Bineînţeles, lucrurile sunt cu atât mai grave cu cât secretul are mai multă importanţă, contează însă şi cât se investeşte emoţional sau cât de mult timp este ţinut acest secret. Într-o familie, pot exista lucruri ţinute secret, dar care nu presupun investiţie emoţională mare şi care nu îi preocupă prea mult pe cei care păstrează secretul. Acestea nu sunt foarte grave. Dimpotrivă, intensitatea participării emoţionale a părinţilor la secret determină gravitatea acestuia. Trebuie deci să diferenţiem foarte bine secretele nocive de celelalte secrete.

*Există domenii care favorizează dezvoltarea secretelor nocive?*

S.T.: Domeniile cele mai predispuse dezvoltării secretelor sunt cele care au legătură cu originile şi cu moartea. Avem aşadar adopţia, fecundarea *in vitro,* copilul adulterin, dar deopotrivă doliul neîncheiat, nebunia unui părinte, alcoolismul, drogurile, sinuciderile etc. Tot ceea ce poate păta imaginea unei familii. Din dorinţa de respectabilitate, se ascunde şi moartea bebeluşilor, internările în spitalele de psihiatrie...

*S-a schimbat, cu timpul, natura secretelor de familie?*

S.T.: Tot ceea ce nu este conform normei sociale predispune la secret. Ca urmare a evoluţiei normelor morale, de câţiva ani, s-a schimbat şi conţinutul acestor secrete. Într-o lume a concubinajelor şi a familiilor refăcute, o mamă singură nu mai este stigmatizată de către societate. Schimbările de mentalitate au dus la scoaterea din sfera secretelor a unor subiecte până nu demult tabu: bolile mentale, toxicomania, alcoolismul, copiii adoptaţi... În schimb, vedem cum apar alte secrete, precum fecundarea *in vitro* sau SIDA. Şi şomajul are tendinţa de a fi trecut sub tăcere: pentru a nu-şi alerta familia, unii bărbaţi ajung să plece de acasă în fiecare dimineaţă ca şi cum ar merge la serviciu...

*Se pare că reuşiţi, cu ajutorul psihoterapiei, să vă ajutaţi pacienţii să-şi identifice simptomele legate de povara secretelor de familie. Cum procedaţi?*

S.T.: Persoanele care vin la consultaţie suferă de angoase, insomnie, crize de furie, depresie, dezgust faţă de viaţă... Nu trecutul este greu de acceptat, ci prezentul, care nu mai corespunde aşteptărilor. Şi atunci contează să-l faci pe pacient să înţeleagă faptul că reacţiile sale îi sunt proprii. În faţa unor situaţii similare, alte persoane ar fi putut reacţiona diferit. De exemplu, nu toată lumea intră în depresie când trece printr-o criză profesională. Modul în care reacţionează fiecare este un ecou al propriei istorii – psihice, familiale sau relaţionale. Pentru ca pacientul să-şi dea seama de acest lucru şi să înţeleagă de ce reacţionează într-un anumit fel, trebuie să studiem împreună relaţia pe care a avut-o în copilărie cu părinţii. Ne putem apleca în special asupra momentelor în care i s-a părut că i se ascunde ceva. Copilul capătă tipurile de reacţii la care m-am referit, în timpul acestor bruiaje „active" (când i s-a dat de înţeles ceea ce a văzut sau a auzit nu există de fapt, că este doar un produs al imaginaţiei sale).

*Concret, ce se petrece în decursul unei psihoterapii?*

S.T.: Ştiţi bine că, urmând un mecanism care a fost teoretizat de către Freud, pacientul îi va atribui terapeutului sentimente sau intenţii care fac trimitere la propria istorie, adică îl va pune pe terapeut în situaţia de a fi când tatăl său, când mama sa. Există însă şi o altă formă de transfer, descrisă de Hermann şi apoi de Bowlby, pe care am putea-o numi *transfer filial.* Pacientul îl pune pe terapeut în situaţia de a fi copilul care a fost el însuşi. Terapeutul are atunci sentimentul că nu înţelege ceea ce îi explică pacientul, că înţelege pe dos sau că îşi imaginează că a comis ceva ruşinos. Când terapeutul este pus într-una dintre aceste trei situaţii, ar putea crede că, fără să-şi dea seama, pacientul îl face să trăiască ceea ce a trăit el însuşi. El îi explică asta pacientului, ceea ce îi permite acestuia să-şi vadă istoria personală şi psihică într-o lumină cu totul nouă.

Transferul este deci instrumentul folosit în psihogenealogie, iar legătura terapeutică devine astfel un fel de cutie de rezonanţă a trecutului. După asta, rolul meu de terapeut va consta în a ajuta pacientul să identifice atitudinile mentale şi relaţionale pe care şi le-a fabricat cu scopul de a prelua secretul altcuiva. El sau ea trebuie să-şi dea seama că, în calitate de adult, poate să renunţe la această povară de familie şi să-şi folosească resursele pentru a-şi lua în mâini propriul destin.

*Un secret de familie nociv lasă vreo portiţă, cât de mică, prin care adevărul să poată ieşi la suprafaţă?*

S.T.: Secretul de familie nu se opune adevărului, pentru că nu există adevăr. Adică nimeni nu îl cunoaşte. Dacă bunica îţi spune: „Ştii, bunicul nu a murit de moarte bună", nu ştim dacă nu cumva inventează. Secretul nu este opusul adevărului, ci al comunicării. Raţionamentul este logic: când un copil creşte într-o familie cu secrete, el are în mod evident impresia că există o zonă care îi este interzisă şi trăieşte cu convingerea că a fi mare înseamnă să ai secrete. Se va apuca aşadar să fabrice el însuşi secrete şi să ascundă informaţii, ceea ce este opusul comunicării adevărate pe care ar fi trebuit să o întreţină cu toţi cei apropiaţi, inclusiv cu părinţii.

*Nu este nevoie şi de o formă de adevăr în timpul unei terapii?*

S.T.: De adevărul fiecăruia, da; de adevărul istoric obiectiv, cu siguranţă nu. De aceea, nimeni nu poate fi niciodată sigur! Totuşi, renunţarea la legea tăcerii şi dezvăluirea secretului este chiar începutul unei posibile vindecări. Dacă un pacient înţelege ceva important, înseamnă că şi-a găsit în fine *propriul adevăr*. Evident că trebuie să încercăm pe cât posibil să facem astfel încât propriul nostru adevăr să coincidă cu cel al istoriei familiale. În terapie, pacientul îşi fabrică propriile construcţii psihice. Acestea pot fi fantasmate – deci câteodată eronate –, dar sunt esenţiale, fiindcă îi permit să înţeleagă situaţii care, înainte, erau lipsite de sens. Avem întotdeauna nevoie să dăm sens situaţiilor prin care trecem. Imposibilitatea de a face acest lucru ne perturbă ... şi ajungem, de fapt, să-i tulburăm pe ceilalţi! Deci, dacă un pacient ajunge să descopere că o angoasă sau o teamă pot fi puse în relaţie cu un eveniment care i s-a ascuns, se simte uşurat. Atenţie: nimic nu dovedeşte că părinţii săi i-au ascuns ceva; poate că şi ei erau victimele unui secret moştenit de la generaţiile precedente. Părintele respectiv va putea cel puţin să le explice copiilor de ce se simte rău când se confruntă cu anumite subiecte, de exemplu în faţa unor scene de viol sau la cinematograf. El va avea astfel o explicaţie.

*Aţi reuşit să stabiliţi un raport între anumite patologii şi secretele de familie?*

S.T.: Nu încă. Dacă ar fi fost posibil acest lucru, s-ar fi vorbit despre secretele de familie încă de la sfârşitul secolului al XIX-lea. Faptul că teoria psihopatologică nu a luat în calcul aceste secrete se explică prin lipsa oricărui simptom. În schimb, secretele agravează *toate* simptomele. Dacă un copil creşte într-o familie care îi cultivă o lipsă de încredere în sine şi dacă, în plus, simte că există un secret de familie, problema lui se va agrava. Dacă un copil creşte într-o familie în care ajunge, prin prisma organizării sale oedipiene, să dobândească manifestări fobice sau obsesive şi dacă, pe deasupra, mai există şi un secret de familie, el va avea un comportament din ce în ce mai deviant. De fapt, secretul de familie agravează toate tulburările, însă nu creează niciuna în special. Acest secret împiedică un copil să se vindece, fără a fi însă o cauză a simptomelor sale.

Experienţa ne arată totuşi că în toate cazurile grave, avem de-a face cu un secret. Iar asta are o explicaţie simplă. Procesul de structurare psihică a copilului presupune existenţa unei imagini pozitive a tatălui simbolic, care să fie un garant, spre exemplu, al legii interdicţiei incestului. Lucru valabil şi pentru figura maternă. De asta depinde capacitatea copilului de a se îngriji singur, aşa cum l-ar îngriji propria mamă. Într-o familie care are un secret, aceste figuri lipsesc şi, dintr-odată, copilul nu este înarmat pentru a putea face faţă simptomelor şi pentru a evita ca ele să evolueze.

În concluzie, când observăm anumite simptome grave, avem de-a face cu un secret de familie; simptomul nu este însă specific secretului. Este legat de propriul psyche al copilului.

*Pot apărea, în cazul existenţei secretelor de familie, fenomene de repetare a unor evenimente de la o generaţie la alta?*

S.T.: În zilele noastre, nu mai poate fi vorba de o repetare întocmai a secretelor de familie. Pur şi simplu pentru că, dacă, astăzi, o femeie are un copil în afara căsătoriei, la şaisprezece ani, ca în cazul mamei, bunicii ori străbunicii, ea nu se va afla în aceeaşi situaţie socială ca înaintaşele sale, căci societatea s-a schimbat. Tânăra mamă va primi ajutoare de la stat, există asistente sociale care se vor ocupa de ea, probabil că mama ei va avea grijă de copil... Şi situaţia nu va fi ascunsă, astfel încât să dea naştere unui secret de familie, aşa cum se întâmpla pe vremuri. Pe scurt, poate exista o tendinţă de a repeta anumite comportamente, dar importanţa lor va fi relativizată şi consecinţele complet diferite, în special datorită evoluţiei societăţii şi a regulilor morale.

*Repetările pe care pacienţii dumneavoastră vi le descriu se dovedesc totuşi exacte, nu?*

S.T.: Există repetări care se explică prin temerile unui părinte, temeri care până la urmă se transmit şi copiilor. De exemplu, dacă o mamă a fost violată la vârsta de zece ani, ea se va teme ca fiica ei să nu păţească la fel, la aceeaşi vârstă. Copilul percepe acest lucru şi poate avea tendinţa de a face chiar acel lucru de care se teme părintele. Trebuie să avem grijă să nu cădem în capcana de a vedea coincidenţe peste tot *a posteriori*. Pacienţii îmi mărturisesc că, de foarte multe ori, au senzaţia că lucrurile se repetă. Cineva îmi spune, de exemplu: „Am sentimentul că filmul se repetă: mi-a murit primul născut la şase luni; când am discutat despre asta cu părinţii, am descoperit că şi ei trecuseră prin asta, la fel ca şi bunicii mei". Aş fi putut spune că această familie este victima unei nevroze transgeneraţionale. I-am invitat în schimb pe membrii familiei să discute între ei despre aceste evenimente. Ei bine, persoana şi-a dat până la urmă seama că nici părinţii, nici bunicii nu spuseseră adevărul cu privire la data morţii copilului, din dorinţa de a-i confirma bănuielile şi pentru a nu o face să se simtă vinovată. Observ de multe ori cum o persoană care se consideră prinsă într-un mecanism repetitiv şi caută informaţii în legătură cu acest lucru nu face decât să-şi imagineze acea repetiţie.

Ca să nu mai vorbim că oricât de morbidă ar fi repetiţia, părinţii şi bunicii se simt foarte măguliţi de această posibilitate: „Am un nepoţel care repetă ceea ce-am trăit şi eu. Cât trebuie să mă iubească!". Aşadar, de multe ori bunicii confirmă aceste convingeri, dar o anchetă mai amănunţită îi poate contrazice. Şi fiecare se va simţi atunci mai liber să-şi trăiască propria viaţă, fără vreo presiune din exterior.

*Ascultându-vă, ne întrebăm dacă nu cumva există secrete şi în familia noastră... Cum am putea afla?*

S.T.: Aş începe prin a pune întrebări. Dar fără să bruscăm interlocutorul – în general, unul dintre părinţi. Trebuie să avem în vedere că atunci când discutăm cu cei vârstnici un secret de familie, nu ştim dacă acest secret este închipuirea lor sau dacă au fost cu adevărat victime. Aşadar, trebuie evitate fraze de genul: „Tu mi-ai ascuns ceva!" Dimpotrivă, este preferabil să începem prin ceva de genul: „Am impresia că, la noi în familie, la un moment dat, s-a ascuns ceva." Adeseori, părintele răspunde: „Şi ţie ţi se pare? Să ştii că şi mie!" În felul acesta, ne facem un aliat.

Un alt motiv pentru care nu trebuie să ne bruscăm interlocutorii: nu poţi şti niciodată dacă secretul este ascuns din principiu sau dacă este vorba într-adevăr de un eveniment grav şi traumatizant, de exemplu un incest. Dacă încercăm cu orice preţ să facem un părinte să vorbească, mai ales în cazul în care este el însuşi o victimă, acesta poate fi extrem de afectat.

Asemenea teme trebuie abordate întotdeauna cu precauţie, căci nu ştii peste ce dai.

*Alte sfaturi?*

S.T.: Trebuie să avem în vedere şi istoria la nivel macrosocial. Secretele au întotdeauna două porţi de intrare: prima ţine de comportamentele individuale, iar cea de-a doua de cele colective. Abordând latura colectivă, ne dăm seama că, într-o anumită regiune, într-un moment al poveştii respective, secretele se refereau cam la aceleaşi subiecte. De exemplu, în prima jumătate a secolului XX, tinerele care intrau în serviciul familiilor nobile sau burgheze rămâneau adesea însărcinate cu stăpânul casei sau cu fiul acestuia... În toate familiile, acest lucru era o ruşine, ceea ce a dat naştere la nenumărate secrete. Fiecare familie ascundea acest eveniment, fiind de fapt vorba despre un fenomen social al epocii respective.

Şi apoi, un ultim sfat, cel mai important pentru un psihanalist: este indispensabil să abordăm chestiunea consecinţelor acestor secrete. Nu vă ajută cu nimic să înţelegeţi că străbunica a fost violată de un ţigan. Este mai util să înţelegeţi de ce, fără să vă daţi seama, aţi dezvoltat un sindrom care vă interzice să vedeţi filme, să ascultaţi muzică sau să citiţi cărţi referitoare la ţigani. Pe scurt, ceea ce contează în cazul secretelor de familie nu este să înţelegi ce s-a întâmplat „cu adevărat" – repet, nu avem niciodată la dispoziţie toate informaţiile exacte şi nu suntem niciodată siguri de ceea ce s-a petrecut. Ceea ce contează e să ştii la ce sistem relaţional perturbat ai fost supus în copilărie şi cum acest sistem a generat anumite interdicţii, anumite reticenţe de a aborda diverse probleme, anumite atitudini relaţionale etc.

Punând întrebări referitoare la secret, putem avea în sfârşit confirmarea - printr-o terţă persoană - a faptului că ceea ce bănuiam este adevărat: „Într-adevăr, bunica sau străbunica a fost violată de un ţigan". „Bunicul nu este fiu legitim". „Aşa este, ai avut un frate vitreg, dintr-o primă căsătorie a tatălui, lucru care ţi-a fost ascuns". Pornind de la această confirmare, putem, aşa cum spuneam mai devreme, să construim pe o fundaţie solidă. Avem ocazia să ne regândim viaţa în lumina tuturor construcţiilor mentale din copilărie, pe care niciodată nu ni le-am confirmat. De exemplu, ne vom spune: „Din cauza acelui eveniment, am avut mereu tendinţa să mă simt vinovat când era vorba despre problema filiaţiei!" Din acest moment, ne putem elibera.

Aflarea unui secret de familie nu ne uşurează „povara", ci măreşte doar şansele de reuşită ale unei terapii. Dacă începem o terapie, fără să cunoaştem secretul care ne apasă, riscăm ca aceasta să dureze mult mai mult. Eu cred că cei care au petrecut prea multă vreme pe divanul unui psihiatru erau de fapt victimele unui secret de familie. Pe deasupra, terapeutul nu i-a putut ajuta să descopere acest secret din cauza propriei formări în teoria psihanalitică, teorie care neagă existenţa secretelor de familie.

Aşa cum probabil ştiţi deja, Freud crescuse într-o familie cu secrete, aşa că avusese grijă să le elimine din propriile teorii...

# 7

# Cum ne lasă moştenire familia şi străbunii o *nevroză de clasă*

## Întâlnire cu Vincent de Gaulejac

Profesor de psihosociologie la Universitatea din Paris-VII şi director al Laboratorului de studiu al schimbărilor sociale, Vincent de Gaulejac este cunoscut pentru cercetările sale asupra „romanului familial" şi a ceea ce el numeşte „lupta pentru statut", amestec de revendicări individuale şi determinism colectiv, căruia îi urmăreşte cu subtilitate infiltrarea în inconştient, în special prin intermediul transmiterii de la o generaţie la alta. El analizează astfel motorul extrem de puternic al patologiilor transgeneraţionale: *dubla constrângere* la care este supus în mod sistematic omul modern, scindat între nevoia de loialitate socio-familială şi aspiraţia către un alt statut social (pentru el însuşi sau pentru urmaşii săi). Individul, spune Vincent de Gaulejac, este „produsul unei istorii căreia încearcă să-i devină *personaj principal*". Despre tensiunea dintre determinism şi libertate va fi vorba în acest al şaptelea şi ultim interviu – care se încheie astfel nu prin analiza unui psihoterapeut, ci prin aceea, uşor detaşată, a unui sociolog.

O observaţie simplă a realităţii celei mai banale ne învaţă că destinele individuale, chiar dacă fiecare dintre ele cuprinde o parte de ireductibilă singularitate, nu sunt independente de câmpul social în care apar şi evoluează. Apartenenţa socială, capitalul economic şi simbolic al familiei, transformările sociale ale sistemelor de valori şi ale modurilor de educaţie, condiţiile istorice ale naşterii, influenţează în mod constant devenirea indivizilor, indiferent că este vorba de modul lor de integrare socială, de traiectoria şcolară sau chiar de vieţile lor afective şi sexuale. Pentru a ne limita la cel mai banal exemplu: cineva care se naşte în pătura de mijloc are de optzeci de ori mai multe şanse să devină profesor în învăţământul superior decât un fiu de muncitor – or, toată lumea ştie care este locul pe care îl ocupă în viaţa noastră profesia pe care o exersăm.

Deşi nu are funcţia motrice pe care i-o atribuie marxiştii, lupta de clasă este o realitate. Cercetările întreprinse de Vincent de Gaulejac arată cât de „vie" s-a păstrat în memorie amintirea violenţei sociale din trecut, persistând de-a lungul generaţiilor, chiar şi atunci când raporturile dintre clase nu mai sunt de aceeaşi natură. Unul dintre modurile de manifestare ale acestei memorii este dorinţa părinţilor ca propriii copii să-şi asume moştenirea şi să nu respingă tradiţia familială – ca şi cum scopul final al educaţiei ar fi continuarea acestei tradiţii. Or acest lucru aparţine cu necesitate unui anumit context social.

Şi, cu toate astea, orice părinte are pentru copilul său un plan de viaţă, pe care psihosociologii îl numesc *plan parental* şi care în cele mai multe multe cazuri constă în „reuşita în viaţă", adică în promovarea pe scară socială. Observăm astfel cum apare o contradicţie între loialitatea faţă de tradiţia familială – şi deci faţă de o anumită clasă socială – pe de o parte, iar, pe de alta, dorinţa asiduă de promovare, de acces la o altă clasă socială, superioară.

Din punct de vedere transgeneraţional, înţelegem cum această contradicţie poate avea consecinţe de o gravitate nebănuită, în special în cazul în care dorinţa de a promova pe scara socială se soldează cu un eşec. Înfrângerea este ascunsă din cauza ruşinii sociale şi a umilinţei personale, luând astfel forma unui ne-spus fantomatic care poate strica viaţa, îndeosebi cea profesională, mai multor generaţii.

Pentru a evoca acest gen de situaţie, Vincent de Gaulejac utilizează noţiunea de *impas genealogic,* strâns legată de aceea a secretului familial, despre care am discutat cu Serge Tisseron: „Secretul conduce la un *impas genealogic,* atunci când subiectul este blocat între două aspecte din el însuşi, prin care se identifică în mod inconştient cu ascendenţi din familie, aspecte pe care le respinge, ele fiind asociate cu sentimente sau situaţii negative, la care se adaugă o loialitate familială invizibilă, care îl împiedică să se elibereze". Cum va reuşi subiectul în cauză să se elibereze?

*La început, ce v-a făcut să vă îndreptaţi atenţia asupra „romanului familial" şi a traiectoriei sociale?*

Vincent de Gaulejac: Titlul meu nobiliar! Mă numesc *de* Gaulejac. Vă daţi seama cum se reflectă această particulă nobiliară în inconştientul anturajului unui individ – din punct de vedere cultural, politic, financiar... Este un bun început, nu-i aşa?

*Dată fiind răspândirea practicilor transgenealogice, asistăm acum la un adevărat entuziasm faţă de căutarea originilor familiale. Cum ar interpreta asta un sociolog?*

V.d.G.: Este vorba, se pare, despre două fenomene sociale majore. Pe de o parte, am impresia că societatea este mult mai puţin închistată. Să nu uităm că, până de curând, nu exista o asemenea mobilitate socială; dacă vă năşteaţi din ţărani, era foarte probabil să rămâneţi tot ţărani. La fel se întâmpla şi în mediul muncitoresc etc. Noţiunile de continuitate şi de transmitere erau înscrise în structura socială. În prezent, copiii urmează de cele mai multe ori o traiectorie socială – în aparenţă – diferită de calea trasată de bătrâni. Nu este deci de mirare că fiecare îşi pune întrebări cu privire la propria „identitate moştenită".

*Ce înţelegeţi mai exact prin „identitate moştenită"?*

V.d.G.: Părerea mea este că orice criză de identitate apare ca urmare a posibilelor decalaje dintre identitatea noastră moştenită, identitatea dobândită şi cea la care aspirăm. Identitatea moştenită reprezintă originea noastră socială, poziţia socială a părinţilor noştri. Identitatea dobândită este locul pe care îl ocupăm acum în societate. Iar identitatea la care aspirăm este locul pe care am visa să-l ocupăm. Cu cât aceste trei identităţi diferă mai mult, cu atât mai mult riscă să apară întrebări cu privire la propria persoană şi la origini. „Cine sunt?" şi „Încotro mă îndrept?" nu sunt nişte întrebări noi. Numai că ele sunt astăzi mult mai răspândite.

*Care este cel de-al doilea fenomen social care ar explica în zilele noastre entuziasmul faţă de genealogie?*

V.d.G.: Este vorba despre dezvoltarea individualismului. Conform lui Richard Sennet, unul dintre colegii mei sociologi,

„eul" fiecărui individ a devenit principala sa povară. Lumea nu caută neapărat să-şi înţeleagă apartenenţa la o familie pentru a proceda la fel ca propriii părinţi, ci mai degrabă să-şi dobândească autonomia. În zilele noastre, ideologia dominantă se bazează pe conceptul de împlinire de sine: a te dezvolta şi a fi responsabil. Trebuie „să fim noi înşine" şi, pentru asta, trebuie să înţelegem cine suntem şi de unde venim.

*Ce înseamnă pentru dumneavoastră „să fim noi înşine"?*

V.d.G.: Mărturisesc că nu ştiu foarte bine... În schimb, consecinţele unei asemenea interogaţii sunt evidente: pe lângă dorinţa de autocunoaştere, veche de când lumea, dorinţa de a face lumină asupra propriilor origini devine tot mai răspândită. A trecut timpul unor afirmaţii precum „voi scuipa pe mormintele voastre": sunt persoane care caută în povestea lor familială şi în genealogia lor o justificare a ceea ce doresc să devină.

*Modul în care abordaţi impactul genealogic se bazează pe studierea a ceea ce numiţi „romanul familial", precum şi pe cel al traiectoriei sociale. Puteţi să definiţi aceste concepte?*

V.d.G.: Din punct de vedere teoretic, romanul familial trimite din nou la o noţiune elaborată de Freud, care remarcase faptul că, la copiii adoptaţi, apare un fenomen de fantasmare asupra propriilor origini. Ei îşi imaginau adesea că proveneau dintr-o familie prestigioasă, care îi abandonase din diverse motive. Freud era de părere că această fantasmă permitea „corectarea" realităţii. Ne idealizăm familia naturală pentru a putea suporta mai bine familia care ne-a adoptat. Copilul îşi spune: „Ce contează defectele lor, atâta vreme cât nu sunt adevăraţii mei părinţi! Nimic nu mă obligă să îmi duc viaţa ca şi ei". De fapt, după cum arată şi numele, romanul familial este o construcţie sau o reconstrucţie a poveştii unei familii.

Să ştiţi însă că romanul familial este în vogă, sub diferite forme, de multă vreme. De exemplu, poveştile cu zâne, care sunt pline de copii care îşi caută originile, de cele mai multe ori nobile. În definitiv, romanul familial retrasează istoria familiei din perspectivă actuală... însă, evident, nu e vorba de o relatare obiectivă! Poate fi vorba de versiunea deopotrivă cosmetizată şi controversată pe care descendenţii şi-o construiesc în jurul istoriei familiei. Prin conversaţii însufleţite, la masa de Crăciun sau la o aniversare, ori prin mărturisiri ocazionale, legenda familială le oferă copiilor „un manual cu instrucţiuni" pentru viaţă. Vedem cum apar, de exemplu, scenarii care le explică copiilor de ce sunt săraci: „Înainte, eram bogaţi, dar am dat faliment!". Romanul familial lasă să se înţeleagă că un anumit unchi sau o anumită mătuşă s-ar fi născut în familii înstărite, însă au avut loc apoi diferite accidente. „Romanul familial" nu acoperă aşadar întotdeauna realitatea exactă, de unde şi termenul de „roman". Nu totul este transmisibil, iar secretele de familie cântăresc greu. Însă, în orice caz, este un roman care se elaborează pornind de la „spus" şi „ne-spus".

*Vorbiţi uneori de elaborarea romanului familial ca despre un fel de „ritual transgeneraţional". Cum se celebrează acest cult?*

V.d.G.: Veţi observa că în fiecare familie există momente propice pentru a aduce în discuţie anumite aspecte şi a dezvălui secrete de familie. M-au intrigat întotdeauna întrunirile de familie... Indiferent că au loc de Crăciun sau cu ocazia unei aniversări, chiar dacă membrii familiei spun că nu au chef să participe la „corvoada" aceasta, în ciuda tam-tam-ului care o însoţeşte, practic toată lumea este prezentă. Oricât ar fi cineva de „răsculat", tot simte nevoia irezistibilă să vină ca să afle noutăţi despre ceilalţi, ca să fie el însuşi văzut de ceilalţi şi, în acelaşi timp, pentru a se dedica ritualului transgeneraţional – urmând astfel „ţeserea" romanului familial! Astfel, dimensiunea povestirii se întrepătrunde cu dimensiunea inconştientă în vederea transmiterii acestui roman generaţiilor următoare – sau pentru a-l oculta. Prin cuvânt sau prin tăcere. Pentru a ilustra această mare liturghie familială, vă invit să urmăriţi filmul *Festen,* al regizorului danez Thomas Vinterberg (care, în 1998, a luat Premiul Juriului la Festivalul de la Cannes), ce ilustrează perfect această întâlnire familială şi greutatea secretelor care bântuie şi, eventual, explodează în astfel de situaţii.

*Să revenim la o altă noţiune la care ţineţi foarte mult, cea a „traiectoriei sociale". Cum aţi defini-o?*

V.d.G.: Parcursul individual este condiţionat de un anumit număr de elemente care depind în principal de identitatea moştenită, dar şi de poziţia socială a părinţilor şi a bunicilor. Oricât de multe cărţi aţi citi și oricât de inteligent aţi fi, dacă vă lipseşte capitalul cultural, ei bine, atunci nu veţi fi telespectatorul potrivit pentru emisiunile lui Bernard Pivot[1]!

*Traiectorie socială, planuri de carieră, transgenealogie... Pentru a lua un exemplu excentric, dar foarte semnificativ, cum să interpretăm faptul că fiica celebrului boxer Mohammad Ali, Leila Ali,*

[1] Jurnalist francez şi realizator de emisiuni culturale. (n.tr.)

*şi-a vândut salonul cochet de manichiură, pe care îl avea în New York, pentru a se lansa în boxul profesionist feminin, hotărând astfel, împotriva oricăror aşteptări, să urmeze calea tatălui său?*

V.d.G.: Dacă ar trebui să găsim un vinovat, l-am numi atunci identitate moştenită. Există acolo o dimensiune sociologică importantă pentru a înţelege care este piatra de temelie a destinelor individuale, cum oamenii sunt mai mult sau mai puţin pregătiţi sau aspiră să ocupe un anumit loc în societate. Cu siguranţă, mobilitatea socială este în creștere... Dar nu oricum. Odinioară, se pretindea că e nevoie de mai multe generaţii de absolvenţi de Politehnică[2] pentru a „fabrica" unul autentic. Evident, unii pot arde etapele. Constatăm totuşi că anumite parcursuri profesionale sunt predeterminate. Să luăm exemplul universităţilor private de prestigiu. În general, copiii din așa-zisele familii bogate învață aici datorită a ceea ce Bourdieu numeşte „capitalul lor cultural". De fapt, ei încorporează moduri de a fi care îi pregătesc să ocupe un anumit loc sau chiar să se căsătorească cu o anumită persoană. Cel mai interesant este să vedem cum se comportă o persoană în raport cu propriile determinări sociale. Ca dovadă, în sânul aceleiași familii, indiferent de originea socială, fiecare dintre copii are un destin diferit de cel al fraților și surorilor sale și ocupă un loc diferit în societate. Dar, atenţie, deşi există astfel de determinări, ele nu se aplică în mod mecanic. Dar de unde vine această diferenţă, cum se construieşte o personalitate între ceea ce decurge din planul social, ceea ce decurge din planul familial şi ceea ce provine din planul personal? Din punctul meu de vedere, mai există un element în afară de

[2] Prestigioasă instituție de învățământ superior din Franța, cu o tradiție de peste două sute de ani. (n.tr.)

determinismul social: romanul familial, al cărui impact nu trebuie neglijat niciodată.

*Ce raport există între romanul familial şi ceea ce dumneavoastră numiţi „nevroza de clasă"?*

V.d.G.: Nevroza de clasă este o noţiune care poate părea ambiguă. Nu vreau să sugerez că fiecare clasă socială produce un anumit tip de nevroză. Nu. Dar mi-am dat seama că anumiţi pacienţi aveau sentimentul că acele conflicte psihologice pe care le întâlneau erau legate de parcursul lor social şi în special de schimbarea clasei sociale. Această schimbare era pentru ei o sursă de „nevroză". Termenul de nevroză i se datorează lui Freud, care a insistat mult asupra etiologiei sexuale. În viziunea sa, explicaţia conflictelor se regăsește în primele relaţii din copilărie sau în relaţia dintre tată şi mamă. Totuşi, multe persoane psihanalizate se arătau nesatisfăcute de aceste explicaţii. Părerea mea e că poate exista o geneză socială a conflictelor psihice. Mai precis, acestea pot fi legate de fenomene de schimbare a clasei sociale, fie ascensiunea într-o clasă superioară, fie decăderea într-una inferioară. Conflictul survine atunci când există o distanţare importantă între originea socială şi ceea ce devenim, între identitatea moştenită şi identitatea dobândită.

Să luăm exemplul cuiva care a avansat în ierarhia socială. Părinţii săi erau muncitori sau ţărani, portari, servitori... În primii ani de viaţă, copilul i-a idealizat – fundament al narcisismului, ceea ce i-a conferit sentimentul că este centrul universului. Mai târziu, va face comparaţii. Văzându-și părinții priviți cu dispreț de către cei din jur, viziunea sa idealizată va dispărea. Dacă, la vârsta maturităţii, ajunge să aibă un post de conducere, se va confrunta cu un puternic conflict intern deoarece, inconştient, el se va găsi în poziţia agresorului părinţilor săi. Conflict care își are originea în planul parental, plan ce urmărea, prin intermediul ascensiunii sociale, tocmai evitarea umilirii propriului copil.

Iată cum situaţiile sociale conflictuale pot crea conflicte psihologice, iar diferite aspecte sociale se pot combina cu cele de natură psihică, producând astfel ceea ce am numit nevroză de clasă.

Îmi amintesc de François, fiul unui muncitor. Îi cerusem să-mi povestească despre viaţa lui şi să facă un desen. Sus, în stânga foii, a desenat o clasă de şcoală, cu o profesoară care dorea ca el să fie un bun elev. Jos, în dreapta, era un cuplu ieşind dintr-o biserică şi, dedesubt, legenda: „Să facă Politehnica cu ajutorul socrului". În mijloc, imaginea unui trunchi de copac jupuit. Apoi, mi-a relatat povestea sa... Tatăl său era muncitor şi îi tot repeta două lucruri: pe de o parte, că lumea este guvernată la nivel global de un grup de finanţişti care exploatează în mod ruşinos muncitorii şi că burghezii sunt cu toţii nişte „ticăloşi de exploatatori"; pe de altă parte, însă, îi spunea că nu voia ca fiul său să aibă aceeaşi viaţă de câine ca a lui şi că trebuia aşadar ca el să înveţe bine la şcoală, pentru a nu deveni la rândul său muncitor, ci să reuşească să ocupe un loc printre aceşti finanţişti incapabili şi imorali...

*Ne aflăm într-o perioadă plină de reguli paradoxale – sau în plin „double bind", aşa cum ar spune Bateson şi psihologii din Şcoala de la Palo Alto: copilul se află în faţa unei alternative, însă fiecare dintre opţiuni are o conotaţie negativă!*

V.d.G.: Într-adevăr, lui François i se spune, de exemplu: „Toţi burghezii sunt ticăloşi" şi, în acelaşi timp, „Devino tu însuţi burghez!". La ce duce acest lucru? Ei bine, François ajunge un elev bun, mai ales la matematică, o materie care, cu toate astea, nu îi place. Se pregăteşte pentru Politehnică, dar ratează concursul de admitere, deoarece nu a avut „resursele unei familii burgheze" care i-ar fi permis să reuşească. Îşi ia după aceea un doctorat în economie, se înscrie în partidul comunist – ceea ce pare un pas logic ţinând cont de trecutul său –, apoi îşi face bucăţele legitimaţia. În momentul în care l-am întâlnit, era căsătorit deja cu o fiică de politehnist, trăind într-un bloc de locuințe sociale. Socrii săi, din marea burghezie, dar cu vederi mai degrabă de stânga, au un apartament în arondismentul 16[3] şi o cabană la Megève. Între ei va izbucni un conflict... La insistența socrilor, se mută de la bloc în arondismentul 16. Va suporta foarte greu această schimbare. Are sentimentul cumplit că îşi trădează înaintașii, fiind prins într-un „conflict de loialitate" între propriul parcurs şi arborele genealogic.

*Nevroza de clasă afectează pe toată lumea?*

V.d.G.: Faptul că o persoană are fantasme referitoare la o altă origine socială este mai des întâlnit în anumite clase sociale. Este adevărat că asta li se întâmplă mai rar celor bogaţi şi împliniți. Cum am mai spus, de altfel, scenariul cel mai răspândit în romanul familial este cel în care se povesteşte despre o origine ieşită din comun. E foarte uşor să-ţi imaginezi că printre strămoşii tăi se ascunde un destin ilustru sau nobil. Din punct de vedere psihanalitic, este o revalorizare narcisistă simplu de înțeles.

---

[3] Unul dintre cele mai exclusiviste cartiere din Paris. (n.tr.)

S-ar părea că mulţi oameni sunt scârbiţi de mediul în care s-au născut, iar ideea că străbunii lor erau mai bine poziţionaţi în ierarhia socială le deschide perspective care adeseori îi eliberează.

*Nevroza de clasă se repetă de-a lungul a mai multe generaţii?*

V.d.G.: Ea nu este produsul direct al unor repetări, ci, efectiv, nu poate fi înţeleasă decât dacă punem în perspectivă povestea ei specifică în raport cu povestea familială de-a lungul a mai multe generaţii. O primă „căutare genealogică a ruşinii" în jurul parcursului social le oferă strănepoţilor afectaţi de nevroza de clasă o cheie prin care se pot înţelege pe ei înşişi. Este o etapă în care sunt aduse la lumină conflicte legate de evoluţia socială. Sensibilităţile cu privire la distanţele dintre clasele sociale sunt cu atât mai puternice cu cât familia le percepe ca pe distanţări afective. Iar această legătură între planul social şi cel afectiv este unul dintre elementele care duc la conflict şi nevroză. Nu este niciodată vorba despre o simplă repetare. Ce se repetă din generaţie în generaţie sunt contradicţiile nerezolvate de către părinţi sau conflictele la care nu s-a găsit o soluţie. Dar ele nu se repetă în acelaşi fel, pentru că nu au loc niciodată în cadrul aceluiaşi scenariu: contextul social este mereu altul, iar felul cum subiectul se raportează la ce i se întâmplă dă o altă semnificaţie lucrurilor. Fără îndoială, ar trebui să explicăm de ce tatăl lui François şi-a supus copilul la aşa o presiune paradoxală. Există mulţi copii de muncitori cărora li s-a transmis acest dublu mesaj: „Fii solidar cu muncitorii, cu clasa ta" şi „N-am vrea ca şi tu să treci prin toate greutăţile prin care am trecut noi, aşa că încearcă să scapi de condiţia de muncitor". Dar, în acelaşi timp, condiţia muncitorilor s-a schimbat... Niciodată nu este vorba despre o simplă repetare.

*O trecere în altă clasă socială antrenează sistematic o asemenea nevroză? Care este partea noastră de libertate?*

V.d.G.: Haideți să renunțăm la ideea unui raport direct între acest tip de conflict şi dezvoltarea unei nevroze. Noțiunea de nevroză de clasă nu este sistematică. De cele mai multe ori, e vorba de conflicte – de fiecare dată când se „retrogradează" într-o clasă socială inferioară, se creează asemenea conflicte – care, nerezolvate, vor duce la nevroză. Pentru a evoca o criză de succesiune relevantă, una recentă, aş dori să reamintesc evenimentele din mai 1968. În mod paradoxal, nu a fost o revoluție a proletariatului, ci o revoluție a tinerilor proveniți din clasa de mijloc, a burgheziei, care respingeau societatea de consum şi nu voiau să trăiască la fel ca părinții lor. Mulți dintre aceşti tineri au refuzat aşadar să respecte linia impusă de părinți şi au încercat să găsească o ieşire, nu în sensul de a redeveni muncitori sau țărani ca înaintașii lor mai îndepărtați, ci pentru a atinge un alt nivel de trai. Unii au ales să devină artişti, căutând să se declaseze din punct de vedere al poziției sociale. Cu această ocazie, mulți copii aflați într-o criză de succesiune au urmat profesii noi, care nu le confereau o poziție dominantă. Această dorință de a dejuca planurile reflectă un anumit grad de libertate a individului, care poate deveni altcineva decât îi era dat să devină. Încă o dovadă că determinismul social nu se aplică în mod automat.

*Să revenim la secretele de familie. În abordarea dumneavoastră, preferați să vorbiți mai degrabă despre ocultarea anumitor lucruri decât despre secrete de familie. De ce?*

V.d.G.: Ocultarea anumitor lucruri defineşte procesul care are loc în jurul secretului, deopotrivă individual şi colectiv. Pentru a înțelege modul de funcționare a secretului, trebuie să revenim la sursa acestuia. În definitiv, ce este un secret? Într-o familie a avut loc un eveniment sau s-a comis o faptă pe care membrii familiei nu vor să le-o transmită verbal urmaşilor. Expresia pe care o consider cea mai potrivită pentru a vorbi despre secretul de familie este cea de „lipsă de transmitere". Asta întrucât, la mijloc, se află un paradox: pe de o parte, nu vrem să transmitem o poveste, pe de alta, transmitem totuşi ceva, şi anume tăcerea și dorința de a oculta – una dintre formele inconştiente de loialitate. Legătura familială se bazează aşadar pe necunoaşterea şi pe respectarea inconştientă a secretului. Dacă cineva scormoneşte pentru a şti mai mult şi pentru a formula în cuvinte ceea ce nu trebuie să ştim, acea persoană va avea toate şansele de a fi respinsă (şi de a se îmbolnăvi), deoarece repune în discuție un pact familial subînțeles. De cele mai multe ori, secretul are legătură cu un incest, cu nebunia, greşeli nepedepsite, crime... pe scurt, cu lucruri foarte grave.

*Cum afectează acest secret, transmis involuntar, traiectoria socială a individului?*

V.d.G.: În ceea ce priveşte traiectoria socială, există secrete mici şi secrete mari, care alimentează romanul familial, aşa cum, de exemplu, apare faimosul „unchi din America", cel care ne salvează de la condiția noastră mediocră, întrucât el poate intra în scenă în orice moment, procurându-ne averea mult visată. Ca să nu mai spunem că, inconştient, ne aşteptăm de la el să ne scoată din condiția de om sărac: „E din familia mea şi, dacă el a reuşit, ce mă împiedică să reuşesc şi eu dacă vreau?". Mai puţin „şic", dar la fel de clasic, secretul ţesut în jurul apariţiei unui copil nelegitim poate influenţa destinul unei familii. Această veche fantasmă, prin care vrem să poleim blazonul familial pretinzând că suntem descendenţii unor aristocraţi, nu este chiar atât de veche, iar cea a copiilor de preşedinţi sau de vedete, ţinuţi departe de ochii publicului, şi mai puţin. Aceste secrete sunt extrem de ambivalente. Ele dau naştere la resentimente, ruşine, dorinţă de răzbunare sau chiar ură de clasă nemărturisită, care pot traversa familiile pe mai multe generaţii.

Totodată, recunoaşterea acestei filiaţii îi permite individului să se construiască pornind de la dorinţa de a-şi regăsi poziţia pierdută.

Secretul influenţează fără să ştim alegerile pe care le facem în timpul vieţii. Două dintre aventurile lui Tintin, *Secretul Inorogului* şi *Comoara lui Rackham cel Roşu,* care povestesc istoria căpitanului Haddock, cel care devine proprietar al castelului de la Moulinsart, exemplifică perfect acest aspect. Inconştient, căpitanul se regăseşte în poziţia străbunului său, cavalerul François de Hadoque, care era nobil.

În funcţie de natura secretului, acţiunea sa poate influenţa şi alegerile sentimentale. Astfel, unii oameni se căsătoresc cu un partener care provine din mediul aristocratic. Nu întâmplător, s-au îndrăgostit la prima vedere unul de celălalt. Este posibil ca alegerea partenerului să fi fost ecoul unei dorinţe de ordin transgeneraţional. La prima vedere, este vorba chiar despre o poveste de dragoste, dar, în realitate, cei doi parteneri erau influenţaţi demult de un element care provenea din familiile lor. Decodând aceste semne, mulţi dintre noi ar putea descoperi care este „secretul" propriilor străbuni.

*Toate acestea reafirmă rolul primordial al inconştientului.*

V.d.G.: Da, dar nu este vorba despre inconştient în sensul freudian al termenului. Acest „inconştient familial" nu face obiectul unor refulări, aşa cum s-ar întâmpla în cazul unei pulsiuni interzise, pe care refuzăm să ne-o satisfacem. Odată identificată, această condiţionare va deveni inoperantă. Ceea ce nu înseamnă că istoria familială s-ar schimba – căci nu putem schimba trecutul –, ci că modul în care această poveste acţionează asupra noastră se modifică.

Secretul va ajunge oricum să se exprime prin anumite acte ale generaţiilor următoare. Un exemplu relevant l-am oferit în *Les Sources de la honte*[4]. O doamnă afirma: „Aş prefera să nu fiu fiica nimănui, decât să am părinţii pe care îi am!". După care urmează un întreg discurs specific nevrozei de clasă: „Părinţii mei sunt inculţi, săraci şi mi-aş fi dorit să nu fiu fiica lor". Cu toate astea, este fiica lor. Pe măsură ce se derulează terapia, secretul iese la suprafaţă: el are legătură cu acţiunile criminale ale tatălui, din timpul războiului. Or, ca urmare a celor nespuse şi a tăcerilor părinţilor, ea însăşi va ajunge să se comporte la fel cu propriii copii, din dorinţa de a-i elibera de această filiaţie şi, implicit, de povestea tatălui, pe care o poartă cu ea. Dar, făcând acest lucru, transmite totuşi secretul. Vedeţi, secretul se perpetuează astfel sub diverse forme... având întotdeauna efecte negative. Apariţia unui blocaj de transmitere este semnul a ceea ce eu numesc „impas genealogic": „Nu vreau să fiu ceea ce sunt". Este respingerea unei filiaţii. Copiii de nazişti – sau de evrei deportaţi! – se regăsesc adesea în astfel se impasuri genealogice. Îmi amintesc de cazul lui Rudolph,

[4] Editura Desclée de Brouwer.

care devenise homosexual pentru că nu voia să transmită mai departe „acea rasă", dorindu-şi ca aceasta să se stingă odată cu el. Din acelaşi motiv, unii se sinucid: refuzul de a transmite.

Orice impas genealogic presupune o contradicţie. Dacă părinţii îţi cer să asiguri succesiunea, preluând de la ei, de exemplu, conducerea fermei, a magazinului sau a unei firme, acest lucru poate fi împotriva voinţei tale, provocându-ţi astfel un impas. Pentru a satisface cererea părinţilor, te vei înstrăina de tine însuţi, devenind sclavul dorinţei lor. Iar dacă ţi-ai văzut părinţii suferind din cauza condiţiei lor sociale, e clar că vei avea de suportat o mulţime de sentimente contradictorii! Atunci când posibilităţile de alegere se reduc şi eşti supus unor exigenţe contradictorii, ajungi într-un veritabil impas genealogic. Psihanalistul Serge Leclaire este de părere că, în această situaţie, sinuciderea este o eroare *obiectuală*. Cu alte cuvinte, cineva ajunge să sinucidă vrând de fapt să ucidă *obiectul* proiecţiei dorinţei părinţilor săi, copilul din el însuşi.

*Cum anume se înscrie în arborele genealogic proiectul parental?*

V.d.G.: Ca regulă generală, demersul de clarificare este interesant atunci când putem afla ce s-a întâmplat cu trei sau patru generaţii înainte. Proiectul parental se regăseşte deja, în mare măsură, în cel al bunicilor. Ce proiect au părinţii pentru copiii lor? De cele mai multe ori, e ceva cât se poate de explicit: să devină avocat, să preia ferma, să facă studii superioare etc. Dar există, de asemenea, o parte implicită, care se constituie prin identificări între părinţi şi copii şi care se situează la nivelul dorinţei inconştiente. De exemplu, o mamă care a suferit din pricina faptului că a fost casnică poate transmite un mesaj contradictoriu. Ea îi va cere în mod explicit fiicei sale să fie o femeie bine-crescută, care ştie să îşi primească musafirii, să-şi educe copiii etc. Pe scurt, ea îi va oferi o educaţie în spirit tradiţional, nutrind totodată dorinţa secretă ca fiica să urmeze o altă cale. Dacă însă fata va deveni la rândul ei o femeie casnică, inconştient mama o va condamna. În realitate, relaţiile dintre părinţi şi copii sunt ambivalente. Se spune adeseori că părinţii nu doresc decât reuşita copiilor ... dar, în acelaşi timp, suportă foarte greu ca odraslele lor să ajungă mai bine decât ei. Incapabili de a-şi fi realizat propriile dorinţele, reuşita copiilor va trezi în ei vechi ranchiune şi uri. Prin urmare, copilul care le va împlini visele va trezi în ei deopotrivă sentimente de mândrie şi de invidie.

*La originea proiectului parental se află doi părinţi, fiecare cu o altă ascendenţă... Este obligatoriu ca una dintre ascendenţe să prevaleze asupra celeilalte?*

V.d.G.: Când analizăm proiectul parental, remarcăm o distincţie netă între proiectul matern şi cel patern. Ele pot concura, se pot consolida reciproc sau se pot contrazice. Când există un conflict în sânul cuplului, cu presiuni foarte puternice, de tipul: „Să nu ajungi ca mama ta", vedem cum apar similarităţi cu ceea ce psihanaliza ne explică prin complexitatea fenomenelor oedipiene şi prin identificările conştiente sau inconştiente dintre părinţi şi copii.

Ceea ce propun eu, în completarea viziunii psihanalitice, sunt mizele vieţii sociale, de exemplu: să studiezi sau nu, să practici o meserie sau alta, să te căsătoreşti cu cineva dintr-un anumit mediu social etc. Copiii moştenesc de la părinţi asemenea contradicţii nerezolvate.

Pentru a vă da un exemplu, am văzut multe fete – aflate în conflict cu părinţii lor, pe care îi considerau rasişti – îndrăgostindu-se de africani sau arabi, fără să-şi dea seama că era vorba, în primul rând, despre o modalitate de a-şi face părinţii să se confrunte cu propriile contradicţii. Proiectul parental nu este nicidecum unul mecanic. Copilul nu devine ceea ce părinţii vor ca el să ajungă. În schimb, în ceea ce priveşte modul în care copilul îşi urmează cursul vieţii, contradicţiile observate în sânul cuplului parental şi în propriul raport cu părinţii îi permit acestuia să înţeleagă anumite aspecte ale alegerilor sale, fie că sunt de ordin sentimental, profesional, ideologic sau cultural.

*Chiar credeţi că alegerile noastre sentimentale sunt dictate de legi transgeneraţionale?*

V.d.G.: Alegerile noastre sentimentale sunt deopotrivă afective, sexuale şi sociale. Chiar dacă inima cunoaşte ceea ce raţiunea nu recunoaşte, ea este perfect conştientă de statutul social al celui sau celei alese. Iar scenariile pot fi foarte diferite. Traiectoria socială este fie ascendentă, fie descendentă. Fiecare poate juca pentru celălalt rolul de ascensor social, dar, când cuplul începe să stagneze, unul dintre parteneri îi va reproşa celuilalt că îi frânează evoluţia. Este foarte interesant să înţelegem modul în care mizele afective sunt legate de mizele sociale. În cazul în care există diferenţe de clasă socială, căsătoria poate fi catastrofală. Însă combinaţiile posibile sunt multiple. O familie este întotdeauna formată din două ascendenţe care, la rândul lor, derivă din patru ascendenţe. Şi apoi, familia nu este stabilă. La fiecare generaţie, ceva se *reproduce,* deci se transformă. Nu cuplul este cel care creează familia, ci copilul.

El constituie legătura dintre părinţi, rezultatul alianţei dintre tatăl şi mama sa, precum şi a două familii. O miză genealogică traversează istoria cuplului şi pe cea a copiilor. Moştenirea transmisă la naştere va influenţa profund construirea propriei identităţi şi evoluţia socială a individului.

*Ruşinea şi ura pot fi şi ele transmise ca moştenire?*

V.d.G.: Bineînţeles. Dacă părinţii au interiorizat sentimentul de ruşine în urma unor umilinţe şi nu au ştiut să se desprindă de el, copilul va fi marcat de acest lucru. Dar în niciun caz el nu va fi *condamnat* să-l repete sau să-l reproducă. În viziunea lui Jean-Paul Sartre, ruşinea se naşte sub privirea celuilalt. El ne oferă exemplul lui Jean Genet care, abandonat fiind când era copil, a fost înfiat de o familie. I s-a spus: „O să ajungi hoţ"... iar el a devenit hoţ. Pe de altă parte, a făcut un efort imens pentru a se desprinde de acest determinism, prin creativitate, scris şi poezie. El va scrie pentru a denunţa normele sociale care generează ruşinea. Mulţi copii se construiesc având ca fundament dorinţa de revanşă. Copiii proveniţi din familii unde părinţii au fost umiliţi sau săraci îşi promit că nu se vor afla niciodată în aceeaşi situaţie. Dacă luaţi exemplul lui Bernard Tapie, reversul ruşinii este ambiţia.

*Ruşinea se transmite ca un secret de familie?*

V.d.G.: Ruşinea nu poate fi disociată de secretul de familie. Este interesant să observăm raportul dintre ruşinea de sine, legată de evenimente personale, şi ruşinea familială. Adesea, atunci când există un secret, există şi ruşine. Este fascinant să descoperim exemplificarea acestui fapt în propria noastră istorie familială, pe care nu o cunoaştem şi, mai ales, pe care ştim că nu o cunoaştem! Observăm că, din fidelitate sau din loialitate, urmaşii vor încerca în permanenţă să menţină secretul şi, totodată, să-l aducă la lumină, pentru a se elibera de el sau, mai exact, de încărcătura afectivă aferentă, care ţine adesea de ruşine.

*Dar şi de vină...*

V.d.G.: Într-adevăr, deşi ruşinea poate exista şi fără vină. Însă acest lucru nu funcţionează în aceleaşi registre psihice. Sentimentul de vină are legătură cu un lucru interzis pe care l-am *făcut*. Ruşinea este legată mai degrabă de ceea ce *suntem*. Nu asociem ruşinea cu greşeala, pentru că ea ţine mai degrabă de narcisism, de idealul eului. Psihanaliştilor le este greu să înţeleagă această dimensiune a ruşinii, care îşi face apariţia sub privirea celuilalt. Ruşinea are o dimensiune eminamente socială. De exemplu, vedem cum apar doleanţe generate de sărăcie şi excludere, dorinţa de a fi tratat cu consideraţie, cu respect, cu demnitate – ceea ce trimite tot la ruşine. Mă refer, spre exemplu, la cei care au fost şomeri vreme îndelungată. Cel mai dificil de suportat nu este atât sărăcia, cât ruşinea şi privirea celuilalt. Este şi cazul celor care cerşesc în metrou. Am putea constata faptul că asemenea persoane sunt mai puţin sărace decât două treimi din umanitate, dar, în societatea noastră, cel care se găseşte în această situaţie este considerat un ratat. Interesul faţă de aceste probleme se datorează expunerii relativ recente a ruşinii ca fenomen social; fenomen care, până de curând, nu avea atâta amploare.

# *Bibliografie*

## Terapeuți intervievați în lucrarea de față

Ancelin Schützenberger Anne, *Aïe, mes aïeux!*, editura Desclée de Brouwer

Dumas Didier, *Le Bible et ses fantômes* și *Et l'enfant créa le père*, editura Desclée de Brouwer

Gaulejac Vincent, *L'histoire en l'heritage* și *Les sources de la honte*, editura Desclée de Brouwer; *La Névrose de classe*, editura Hommes et Groupes

Hellinger Bert și Hövel Gabriela, *Constellations Familiales*, editura Le Souffle d'Or

Jodorowsky Alexandro, *La Danse de la réalité* (autobiografie), editura Albin Michel; *L'Arbre du Dieu pendu* (roman), editura Métaillé

Rialland Chantal, *Cette famille qui vit en nous*, editura Marabout

Tisseron Serge, *Secrets de famille, mod d'emploi*, editura Marabout; *Vos secrets de famille*, editura Ramsay

# Note de lectură
## referitoare la alți autori

### La Psychogénéalogie – voyage au coeur du roman familial

*Lisa Horowitz, editura Dervy*

Originalitatea muncii Lisei Horowitz – psihoterapeută de tip junghian, care, timp de douăzeci de ani, a lucrat cu mii de genealogii – constă în faptul că ne conduce printre încrengăturile stufoase ale ramurilor ancestrale. Unii arbori genealogici îi situează pe străbuni în vârf, alții îi preferă la bază: „Este mai logic să ne situăm în partea superioară a arborelui genealogic, deoarece el trebuie să ne susțină", explică Elisabeth Horowitz. Dar cel mai important este să înscriem aici toate marile evenimente ale vieții străbunilor noştri: căsătorii, naşteri, divorțuri, boli grave, locuri de rezidență, mutări, accidente etc. Începem această muncă de rememorare interogându-ne membrii familiei, apoi completăm informațiile utilizând metodele de investigație obişnuite ale genealogiei – cercetări în registrele primăriilor, anchete în regiunile de origine etc.

### Comment paye-t-on les fautes de ses ancêtres

*Nina Canault, editura Desclée de Brouwer*

Aşa cum spune Anne Ancelin Schützenberger în prefața sa la această pasionantă anchetă referitoare la exploratorii transgenerationalului: „Ceea ce nu a putut fi exprimat prin lacrimi şi cuvinte va fi simptomatizat prin dureri" – şi asta nu numai în viaţa persoanei care se confruntă iniţial cu imposibilitatea de a se exprima, ci şi, mai des decât am crede, în cea a descendenţilor săi. Scriitori precum Isaac Bashevis Singer sau psihanalişti ca Nicolas Abraham numesc acest ne-spus transgeneraţional „fantome". Respectivele fantome ne pot îmbolnăvi până la nebunie sau până la moarte! Din fericire, purtăm în noi toţi străbunii care au putut să vorbească. Iar transpunerea în cuvinte, pentru unii autori, capătă denumirea de „înger". Lucrarea reprezintă o sumă de cercetări extrem de amănunţite, dar uşor de parcurs pentru cititorul obişnuit, unde remarcăm în special influenţa lui Françoise Dolto, maestra psihanalistului Didier Dumas, personaj principal şi un adevărat ghid al acestei lucrări de calitate.

**À la recherche de vos ancêtres**

*Cristophe Dubourguey, editura Flammarion*

Dacă intenţionezi să îţi reconstitui arborele genealogic pornind de la zero, chiar dacă nu ai nici o cunoştinţă în domeniu, cartea de faţă ţi se adresează. În această carte, scrisă de un istoric, nu vei găsi nimic de ordin psihologic, ci doar informaţii foarte utile, care descriu întregul demers al celui care pleacă în căutarea originilor sale. Sfaturi generale – sugerând de exemplu anumite căutări în documentele sau în albumele de fotografii de familie. Diferite detalii administrative, referitoare îndeosebi la evoluţia arhivelor stării civile franceze, ale Bisericii sau ale armatei. Conţine şi un CD-ROM (pentru PC) şi sfaturi preţioase pentru căutările pe internet... unde se pot ascunde propriii tăi străbuni! Folosind un ton amuzant, autorul nu ezită să mai strecoare din când în când câte o glumă despre amantele unui rege sau o ghicitoare despre numărul de veri care ne separă unii de alţii.

## Au mai apărut la Editura Philobia

Colecția **Psihogenealogia**

Patrice Van Eersel, Catherine Maillard – **Mă dor strămoşii.** Psihogenealogia sau cum să ne schimbăm viitorul cunoscându-ne trecutul

Anne Ancelin Schützenberger – **Psihogenealogia și rănile din familie.** Legăturile transgeneraţionale, secretele de familie, sindromul de aniversare, moștenirea traumelor și practica genosociogramei

Anne Ancelin Schützenberger, Ghislain Devroede – **Copiii bolnavi de părinţi**

Nina Canault – **Cum plătim pentru greșelile strămoșilor.** Inconștientul familial

Chantal Rialland – **Familia care trăiește în noi.** Ghid practic de psihogenealogie

Elisabeth Horowitz – **Copilul şi arborele genealogic**

Elisabeth Horowitz – **Boala, o memorie genealogică.** Cum să-ţi interpretezi istoria familială pentru a te vindeca

Serge Tisseron – **Secretele de familie.** Cum se moştenesc traumele

Marie-Noëlle Maston-Lerat – **Mă doare portofelul.** O perspectivă psihogenealogică asupra banilor și a succesului

Marie-Jeanne Trouchaud – **50 de exerciţii de psihogenealogie**

Willy Barral – **Corpul copilului ne vorbește.** Istoria părinţilor se reflectă în simptomele copiilor

Didier Dumas – **Biblia și fantomele sale**

Bert Hellinger – **Constelaţiile familiale.** Terapie pentru suflet

Isabelle de Roux, Karine Segard – **Psihogenealogia pentru toţi**

Bruno Clavier – **Fantomele din familie**

Alexandro Jodorowsky – **Metagenealogia**

Mireille şi Hervé Scala – **Cuplul în psihogenealogie.** Influenţa familiei în alegerea partenerului – o explicaţie a succesului și eșecului în relaţii

Colecția **Ecologia interioară**

Frédéric Lenoir – **Învaţă să te bucuri.** Reţeta pentru o viaţă frumoasă
Laurent Gounelle – **Omul care voia să fie fericit**
Laurent Gounelle – **Dumnezeu călătorește întotdeauna incognito**
Thomas Cathcart – **Dilema.** Cum alegem când nu avem de ales

Colecția **Sănătatea**

Marie Thirion – **De ce mi-e foame.** De la teama de lipsuri la nebunia dietelor
Thierry de Lestrade – **Postul negru.** O nouă terapie
Fabrice Papillon, Héloïse Rambert – **Creierul din burtă.** Descoperiri ştiinţifice recente și sfaturi practice pentru o sănătate mai bună
Danièle Gerkens – **Zahărul, mai periculos decât cocaina?** Mărturii, anchete și sfaturi practice pentru o alimentaţie mai sănătoasă
Anne Ancelin Schützenberger – **Mă vindec.** Ghid în ajutorul bolnavilor de cancer
Julien Venesson – **Glutenul.** Cum ne intoxică grâul